利ザヤ8%を
何度も抜ける
けいくん式
100銘柄公開

専業主夫けいくんの
ほったらかし投資で

1億円稼ぐ
株ドリル

山下 勁

宝島社

《はじめに》

こんにちは。株式投資歴14年、今ではコンスタントに年収1億円稼げるようになった、けいくん、こと、山下勁《けい》です。

突然ですが、**あなたは未来から来た人に会ったことはありますか？**

もし、この世に未来から来た人がいて、その人がトレーダーだったら、株価の値動きを示した「チャート」というグラフを指さして、得意げにこういうかもしれません。

「ほら、この安値で買って、この高値で売ったら億万長者になれますよ！」

いやいや、僕だって会えるものなら、未来から来た人に会って、これから起ることを事細かに教えてもらいたいです。

株で毎年、大金を稼ぎ続けられるようになって思うのは、僕は天才でもないし、強運の持ち主でもないし、未来から来た知り合いもいないということ。

他人から見たら、子育てや家事の合間にチョコチョコっと株をやって、あとはほったらかし。株式投資できちんと稼げていることを除けば、専業主夫なのか、毎日、ヒマしてるニートなのかわからない「凡人」にすぎません。

確かに株式投資やFX（外国為替証拠金取引）の世界には「天才」が何人もいます。デイトレードなどの超短期売買で連戦連勝、秒速で1億円稼げちゃう人もいるんでしょう、きっと。

でも、**そんな天才の技、あなたは真似できますか？**

中には、成長小型株に投資して「テンバガー」と呼ばれる10倍株を次々と引き当てる強運の持ち主もいるでしょう。

50万円の元手を10倍株で500万円に増やし、その500万円で買った株もまたテンバガーで、資産5000万円。あとはかなりラクして2倍株で見事、1億円の大台達成！　そんな成功話をうれしそうに語る「億り人（株などの投資で1億円以上稼いだ人）」もいます。

でも、**凡人は50万円で買った株が200万円くらいまで上がったら、つい利益確定してしまう**はずです。

50万円で買った株を500万円になるまで保有できた人って、ある意味、とっても鈍感な人か、たまたま運がよかっただけの人に思えます。そんな人が話す「自分はこうやって儲けた」というノウハウには再現性はあまりないし、単なる退屈な自慢話じゃありませんか？

そして、未来から来たかのような話し方をする人。「ここで買って、ここで売れば、ほら、めちゃくちゃ儲かるでしょ」なんて話す人を見ると、僕は心の中でこう思います。

「この人、身銭切って株を本格的にやったこと、あるのかな……？」と。あとから「こうなった」っていう解説をするのは簡単なんですよね。

多くの人が株を始める理由は「**ラクして儲けたいから**」だと思います。仕事や勉強やスポーツや趣味の世界では、「**努力しないと報われない**」と信じて一生懸命がんばるのに、こと、株式投資に関してはとにかく「なんの努力もしないで、がっぽり稼ぎたい」と考えてしまう。

「株式投資って、最初は苦しくて、つらくて、くやしいときもありますよ……」

なんていうと、初心者の方はみんなドン引きしてしまうでしょう。

でも、仕事でも勉強でもなんでも、最初は苦しくてつらくて、いっぱい失敗するもの。やがてそれが経験となり、知識やノウハウになり、勝つためのルールや価値観が身についていく。それが「上達する」っていうことだと思います。

それは株式投資もまったく同じ。〝あっという間に1億円儲けたい〟という人は株ではなく宝くじを買ってください。

僕自身、初心者の頃、ラクばかりしていたわけではありません。ビギナーズラックの経験もありますが、失敗したこともたくさんあります。損してもくじけずに努力して、たとえば「**50万円を1カ月で52万5000円までは着実に増やせる！**」という技術を積み上げることができるようになったからこそ、株で食べていけるようになったんです。

根性論は大嫌いですし、他人から面倒ぐさいことをガミガミいわれるのも大嫌いな僕が、ただ1つ大切にしていることがあります。

それは「株式投資と、丁寧にきちんと向き合うこと」。

専業主夫として子育てをしていると、やっぱり子どもときちんと向き合って、丁寧に接することが大切だな、とつくづく実感します。株も同じです。

実際、「1カ月で50万円を52万5000円に増やせる」ことだって、よく考えてみれば、すごいことです。1カ月目に5％増やして、増えた分は2カ月目の元本に加えて再び5％増やして……これを繰り返すことができたら、**1年で資産は1.8倍になり、10年後には元手50万円が1億7400万円**になります。

当然、その過程には浮き沈みもあるでしょうが、「平均して月5％ずつ株で資産を増やす」ことなら、僕も含めどんな凡人でも、練習を積み、知識を蓄え、確かなルールと価値観で投資し続ければ、達成不可能ではありません。

「あっという間に1億円」などと安易に考えるのではなく、「自分なりにルールを決めて、そのルールに則って株式投資と丁寧に向き合うこと」。

これ以外、株でコンスタントに利益を上げ続ける方法はありません。

初心者の方が、より効率よく、より短期間で、より精度の高い株の技術を学べるか？　クリアすべき課題はなにか？

ガラにもなく、かなり悩んで、とっても真面目に考えて、「**やっぱり、ドリルだ！**」という結論に達しました。

株式投資で大切なのは知力とか度胸より〝気づき〟。株価の値動きを体系化して、**5つぐらいあるチェックポイント**にきちんと気配りできるようになれば、誰だってうまくなります。憧れの〝億り人〟になることも、夢ではありません。

そのためには、何度もドリルを解いて、**株価が変化するときの目印に自分の力で気づけるようになる**ことが大切です。ドリルを解くことで自分の頭でしっかり考える習慣がつけば、**自分独自の売買ルールを構築**できるはず。

株を始めて14年、年収1億円を稼げるようになった僕の「経験」をドリルにして、みなさんに「追体験」してもらう。それが本書の目的です。

株式投資でコンスタントに勝ち続けて、億り人になってもらうためのドリル。

どうぞ、ご活用ください！

令和2年春　　　　　　けいくん　こと　山下勁

CONTENTS

ローソク足っていったい、なんだ?
移動平均線っていったい、なんだ?
出来高っていったい、なんだ?
鉄の掟「決算発表日は株を持たない」
信用取引も口座だけは開いておこう

〜ドリル〜
ローソク足ドリル
移動平均線ドリル

第3章 ドリルで覚える1億円の「目印」
「株価」を利用して稼ぎまくるためのドリル

株価の値動き予測に必要な5つの目印
高値と安値は株価の「関所」
「キリのいい株価」が節目になる
心理的な節目で株価は止まる
「もみもみゾーン」を意識する
価格帯別出来高を利用した売買

CONTENTS

第5章　応用ドリルで目指せ1億円

「けいくんの秘技」を利用して徹底的に稼ぐ!!

カバーデザイン／渡邉民人（TYPEFACE）
本文デザイン・DTP／小谷中一愛
イラスト／西田ヒロコ

※本書で紹介しているデータや情報は特別な表記がない限り、2020年3月23日現在のものです。本書は株式投資に役立つ情報を掲載していますが、あらゆる意思決定、最終判断は、ご自身の責任において行われますようお願いいたします。ご自身の株式投資で損害が発生した場合、株式会社宝島社及び著者は一切、責任を負いません。また、本書の内容については正確を期すよう万全の努力を払っていますが、2020年3月23日以降に相場状況が大きく変化した場合、その変化は反映されていません。ご了承ください。

第1章

けいくん式・株の奥義

できるだけなにもせず利回り8%を稼ぐ方法

けいくん式とは「なにもしないこと」である

どうしてみなさんは、株式投資というと、**「もっと取引して儲けなきゃ」と焦ってしまう**のでしょうか？

運よく100万円儲かったら「100万円じゃ満足できない。次は200万円儲けてやる」となり、100万円損したら、「絶対、取り返してやる」と考えたあげく、さらに100万円損してしまったりする。

取引中毒になってしまうと、株では絶対に勝てません。

本書をお読みの方は、専業ではなく副業としての株式投資を考えている人がほとんどでしょう。世の中では「働き方改革」や「有給休暇取得の義務化」「男性の育児休暇制度」などが話題になっていますが、人生を豊かにするための副業にこそ、もっと働き方改革が必要です。

本業だけでなく、ほかにも収入源を見つけて、ゆくゆくはお金にまったく不自由のない悠々自適な生活を手に入れたい。そんな思いが、株式投資という副業を始める方のモチベーションになっているはずです。

でも、本業であくせく働いて、副業の株式投資でも心理的に追い詰められて取引しまくっていたら、過労死してしまいます。

「なるべくラクして、本業に負担をかけない程度にお金を稼ぐ」というのが、副業を長く続けるためのコツです。

株式投資というのは、がんばって取引したからといって、努力が必ずしも報われる世界ではありません。

逆に、**がんばりすぎず、余裕を持って株価の値動きを眺め、チャンスのときだけ取引するほうがよっぽど儲かる世界**です。

僕の感覚では、**1年の中で本当に「ここだ！」という稼ぎ時は、たくさんの銘柄をウオッチしていても、年に5、6回ぐらい**しかありません。

でも、その「絶対的チャンス」で8％の利益を達成して、元手が8％増えた状態で次も8％の利益……という「複利運用」を繰り返すと、たとえば元手が100万円なら**たった6回の取引で59万円の利益**を生み出せます。**仮に元手が1億円なら**

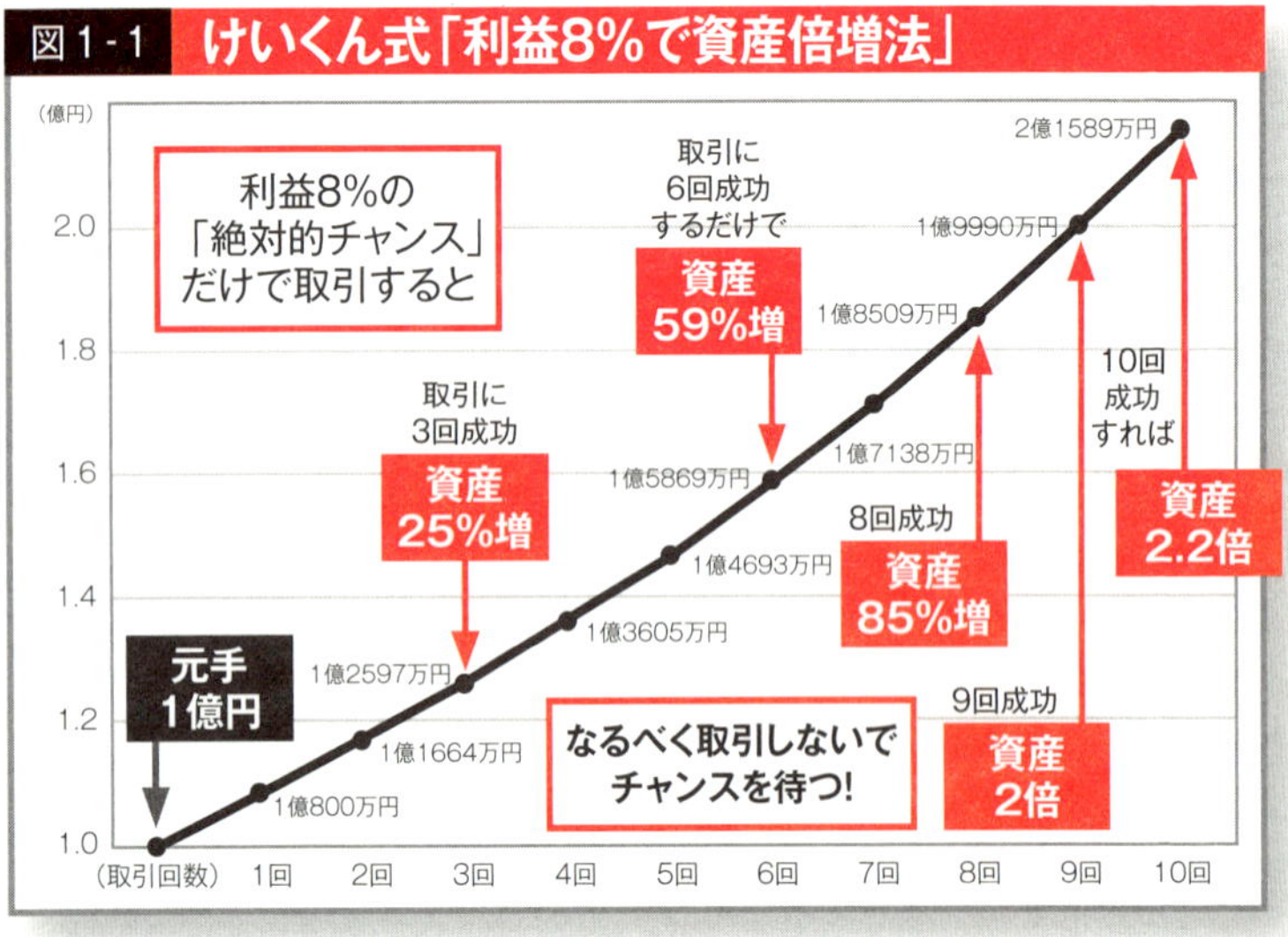
図1-1 けいくん式「利益8%で資産倍増法」
(億円)
2.0
1.8
1.6
1.4
1.2
1.0
利益8%の「絶対的チャンス」だけで取引すると
取引に6回成功するだけで
資産59%増
取引に3回成功
資産25%増
元手1億円
なるべく取引しないでチャンスを待つ!
8回成功
資産85%増
9回成功
資産2倍
10回成功すれば
資産2.2倍
2億1589万円
1億9990万円
1億8509万円
1億7138万円
1億5869万円
1億4693万円
1億3605万円
1億2597万円
1億1664万円
1億800万円
(取引回数) 1回 2回 3回 4回 5回 6回 7回 8回 9回 10回

年間5869万円の利益です。そう考えると、すごいですね。

もし利益8%のチャンスを年間10回、モノにできたら、元手の1億円は1年で2億1589万円まで増えます。これこそ、**僕が年収1億円をコンスタントに達成している株の稼ぎ方**なんです。

株式投資では「**下手な鉄砲、数撃ちゃ当たる**」ということわざは通用しないということを肝に銘じてください。普段は悠然と構え、余裕を持った目で株価の値動きを見ておくだけ。あとは自由な時間を過ごしていればいいのです。

そして、年に5~6回、「チャンスが来

た！」と確信したときだけ、取引します。そして自分の利益確定／損切りルールに照らして、このあたりで決済というときまで、ほったらかし。

それでも存分に利益を出せるのが〝けいくん式株式投資〟の醍醐味《だいごみ》です。

「これだけ必死に努力したから報われた！　よくがんばった！」というのは本業だけにしておいてください。

株式投資における最大の美徳は、「**こんなにがんばらなかったのに、ものすごく利益が上がった！**」です。

あくせく取引し続けることが利益につながるわけではありません。逆に**取引しない時間を極力、増やすことが心の余裕や冷静さをもたらし、利益につながりやすい世界**。それが株式投資なのです。

初心者の方がまず目標にしてほしいのは「**8％の利益が出る取引を年に3～4回成功させること**」です。

春夏秋冬、各シーズンに1回ずつ利益8％の取引に成功すれば、そして1回目に儲けた金額を元手に加えながら次の取引に臨めば、1年間で100万円が13

図1-2 「利益8%」の取引で資産を伸ばす方法

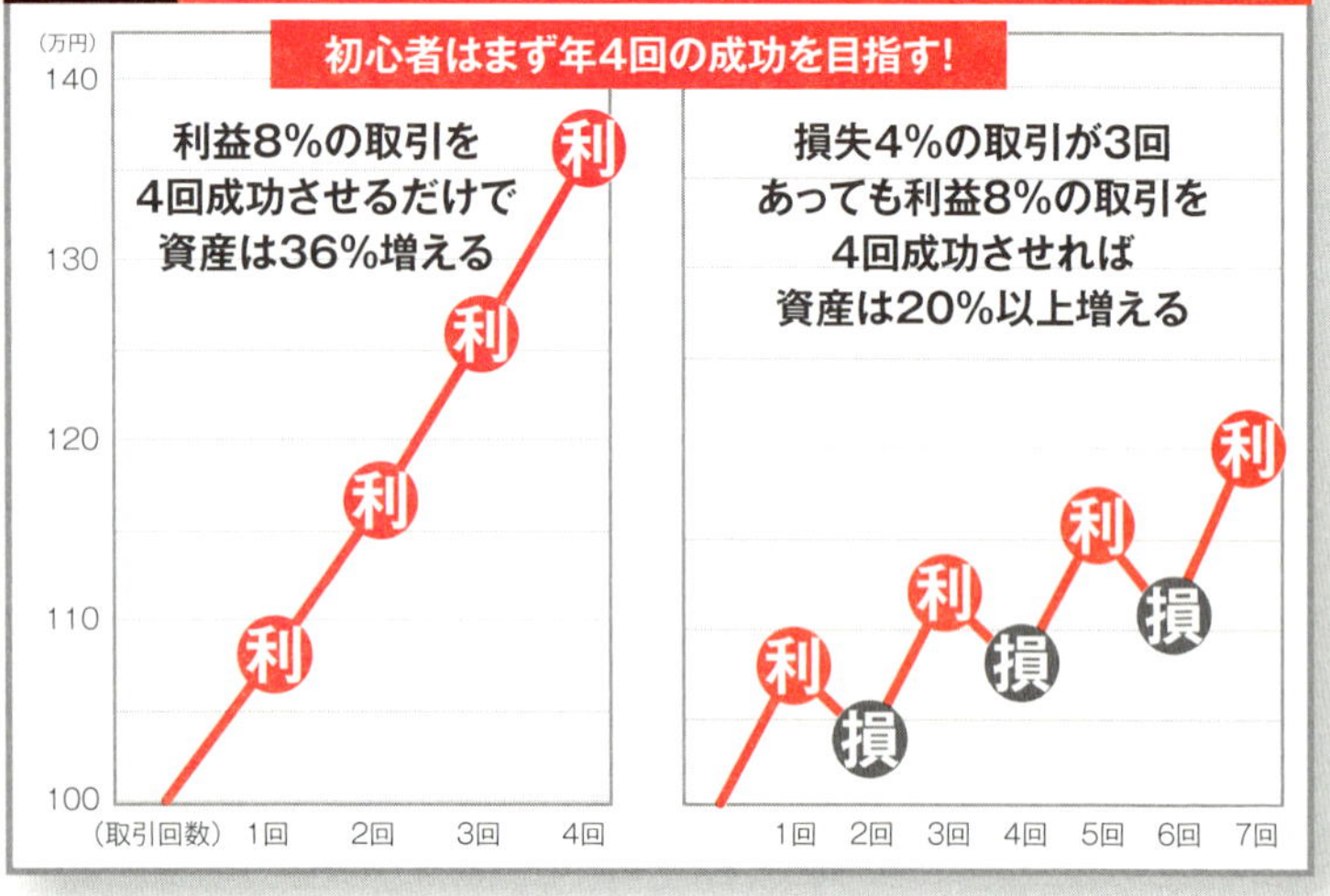
初心者はまず年4回の成功を目指す!
(万円)
140
130
120
110
100
利益8%の取引を
4回成功させるだけで
資産は36%増える
利
損失4%の取引が3回
あっても利益8%の取引を
4回成功させれば
資産は20%以上増える
損
(取引回数) 1回 2回 3回 4回
1回 2回 3回 4回 5回 6回 7回

6万円に増えます。年間たった4回、取引して資産を36%増やすことができたら、副業としては大成功といえるのではないでしょうか。

たとえ、その間、3回取引に失敗して4%の損失をこうむったとしても、100万円を120万円まで増やすことができるのです（**図1-2**）。

株歴14年の僕が発見した、株式投資で大成功するための最大の極意。それは、一生懸命努力しながら、「なにもしないこと」です。

まるで禅問答のようですが、**きちんとしたルールに従って勝率や利益率の高い**

ポイントに限って取引できれば、年数回のチャンスをきっちりモノにするだけで十分な利益を稼ぐことができます。

一番ダメなのは、自分のルールから見て「ここはそんなにチャンスじゃない」と薄々気づいているところまで、欲張って取引してしまうこと。自分のルールから見て**「ここは100%チャンスだ」と確信できないときは「なにもしない」**のが一番いいのです。

とにかく、**「激しく」選り好み**してください。焦らなくても1年に5~6回ぐらいは、あなたのルールで見て「100%チャンスの日」が必ず訪れますから。

1銘柄で年間3~4回、8%取れれば大成功

1回の取引で8%の利益といいましたが、「そんなに儲かるの？　絵に描いた餅じゃない?」とお思いの方もいるでしょう。

でも、8%の利益といえば値幅にすると、株価が100円なら8円、500円なら40円、1000円なら80円……に過ぎません。なんなら**1日で動いてしまう**

図1-3 「株は平均8%の上下動で動きやすい」の法則

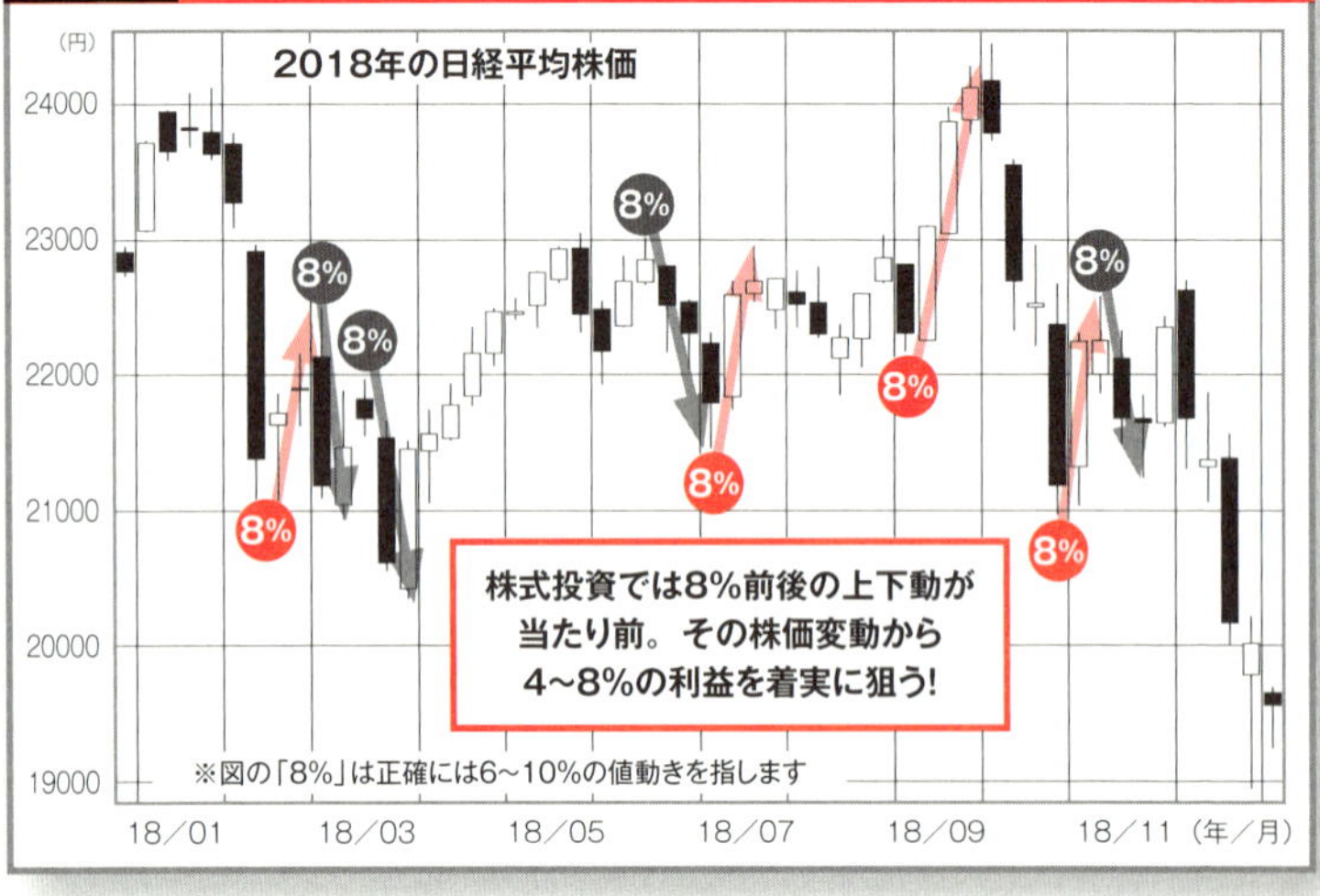
2018年の日経平均株価
(円)
24000
23000
22000
21000
20000
19000
8%
株式投資では8%前後の上下動が
当たり前。その株価変動から
4〜8%の利益を着実に狙う!
※図の「8%」は正確には6〜10%の値動きを指します
18/01
18/03
18/05
18/07
18/09
18/11
(年/月)

値幅です。では、8%というのになにか根拠があるのか？

僕はこの本のために珍しくがんばって、調べてみました。

東証1部に上場している大型株数百社の値動き10年分、すなわち、のべ数千年分の株価の上下動の値幅を検証してみると、「8%上昇して4%下落する」、「8%下落して4%もしくは8%上昇する」という「**8%の法則**」、その半分の「**4%の値動き**」がかなり頻繁に出現することがわかったんです。

たとえば**図1-3**は2018年の日経平均株価の値動き（週足チャート）です

が、どうですか？　上がって下がって、また上がって下がって、という**上下動のサイクルの中に値幅にして8％前後の上下動**がたくさん出てきませんか？

当然ですが、どんな上昇・下落もぴったり8％のわけではありません。

米国では「株価が直近高値から20％下落したらベア（弱気）相場」といわれていますが、株式市場には年に数回、10％を超える下落があります。世界的に経済不安定になると、もっと下がることもあります（例／新型コロナウイルスによる大暴落）。ただ、暴落は永遠には続きません。相場がよかったり、その銘柄に対する人気が高ければ、10％を超える株価の上昇も日常茶飯事です。

ただし、株価の暴落や急騰を頭からお尻まで全部、利益に変えることはできません。「**頭としっぽはくれてやれ**」という投資格言があるように、8％ぐらいがちょうどいい目標利益率なのです。逆にいうと、8％を超えるような価格変動はいわば「乱高下」という表現に近いものになってしまいます。反対方向に株価が急反転するなど、リスクも高すぎて儲けづらい値動きになるでしょう。

当然ですが、あまりに値動きがなさすぎても利益を上げることはできません。

株価の上下動が４％以下のもみ合い相場であくせく取引しても、疲れるばかりで時間の無駄だと思います。

つまり、**値動きが激しすぎてリスクが高いところと、値動きがなさすぎて儲からないところを除いたのが４～８％の上下動**。株式市場ではごくごく当たり前の変動率です。勝率が高く、余裕を持った株式投資をしたいなら、４～８％が「ちょうどいい」変動率であり、狙うべき値幅なのです。

この「８％の法則」は第5章の解説&ドリルで詳しく紹介します。

持続性・再現性がない株の取引は意味なし！

誰もマネできないような天性の才能、宝くじに連続して高額当選できるような強運、未来から来た人のような予知能力に頼ったり期待したりしていては、株でコンスタントに稼ぎ続けることはできません。

目指すのはまるでお給料や年金をもらうように、さしたるドラマもスリルもなく、平々凡々、ごくフツーの日常生活の一部として、株で月5万円、10万円、

20万円……の収入を得るためのテクニックです。

そのために一番、大切なのは「持続性」や「再現性」です。**たった1度大勝ちして終わりではなく、何度も繰り返し、コツコツ勝って大きく負けない取引を続けるための技術**です。

先月1億円勝てた、でも今月2億円負けた……なんてジェットコースター状態では、いつ資産が吹っ飛ぶかわかりませんし、精神衛生上もよくありません。

優秀なアスリートはルーティンを大切にするといわれますが、株式投資の再現性を高めるために必要なのも「**ルーティンワーク**」。

実際にお金をかけて投資する前には、売買しようとしている銘柄の株価が「今いくらか」、「上がっているのか下がっているのか」、「売買が盛り上がっているのか、冷え込んでいるのか」などのチェックすべき情報があります。ルーティンワークのように、それらの情報に目配りしましょう。そして、「チャンスだ」と思ったら、自ら決めたルールに従って、淡々と取引を開始するのです。

一世一代、イチかバチか、死ぬか生きるかの勝負とか、火事場の馬鹿力とか、そんなドラマチックなものは必要ありません。むしろ極力、排除してください。決められたルーティンワークを丁寧に正確にこなしていくだけで、自然と株で利益を上げられるようになる――というのが目標です。

だからこそ、この本の2章以降に掲載する**ドリルを何度も解いて**、けいくん式・株のルーティンワークを骨の髄までしみこませてください。

けいくん式は誰でもマネできる

家を出る前なら、戸締まりをして電気を消して、火の用心もして、財布とスマホを持って、靴を履いて、ドアの鍵を閉めて……と、人はかなりたくさんのことを無意識にやったうえで、「さぁ、出かけよう」と外出するもの。

それと同じように**株式投資のルーティンワークを無意識のレベルできちんと行えるようになることが「持続性や再現性のある株式投資」の第一歩**です。

本書で紹介する、僕の主な投資スタイルは、2種類です。上昇トレンドで株価が一時的に下がったあと反発上昇したところで買う「**押し目買い**」、下降トレンドで株価が一時的に上がったあと反転下落したらカラ売りする「**戻り売り**」。これらが基本の取引方法になります。「トレンド」とは株価の方向性のことです。

トレンドフォロー（株価が動いている方向に乗って素直に取引すること）には高値を抜けたらその勢いに乗って追随買いし、さらに高い株価で売り払う「高値ブレイク」、安値を割り込んだらカラ売りをして、さらに安い株価で買い戻す「安値ブレイク」があります。これも悪くはないのですが、ブレイクを狙った取引は、すでに上昇した株を買う、または下落に拍車がかかった株を売ることになるので、高値づかみや、底値が見えないリスクと背中合わせです。

取引後は「ほったらかし」が基本の〝けいくん式〟は、安く買ったものを高く売る押し目買いと、高い値段のときにカラ売りしたものを安く買い戻す戻り売りの2種類を狙うので、初心者でも比較的低リスクで成功しやすい手法です。

けいくん式は、**①前の高値・安値、②キリのいい株価、③移動平均線、④新値更新、⑤周期、**という5つの「目印」を使って、株価が反発上昇／反転下落しやすいポイントを探し、複数の目印が重なったところでしか取引しません。

5つの目印自体も非常にわかりやすく、誰でも気づけるものばかりなので、本書を読んでドリルを解けば、誰でもある程度まではすぐにマネできます。

けいくん式を実践して稼げるようになった一人に、林くんがいます。彼は僕が講師を務める『副業アカデミー』でセミナーの段取りをしてくれる20代の青年です。林くんは僕のセミナー中に裏方として〝ながら聞き〟しているだけで、めきめき株式投資の腕を上げています。

それまで株式投資のド素人だった林くんですが、2019年7月から11月まで、およそ4カ月間で約206万円の利益を上げることに成功しました。取引をした銘柄はZOZO、京セラ、HOYA、オリンパス、日清製粉グループ、サッポロホールディングスなど、一部を除いて僕がメインターゲットにしているのと同じ時価総額3000億円以上（最近はコロナ・ショックの影響で時価総額が下がっていますが……）の中型～大型株です。

売買手法は僕が教えた5つの目印を使っただけの、シンプルな買いとカラ売りの繰り返し。本当にそれだけなのですが、今や彼も立派な株式投資家になりました！　30ページに、林くんが売買した中から、特に取引した株数の多かったベスト50銘柄を掲載しています。けいくん式投資が誰にでもマネできて、ルールさえ守れば誰でもそこそこ稼げる投資法であることの証明になっているので、参考にしてみてください。

どんな相場でも負けないための銘柄選び

林くんがかつて売買していた銘柄の中に、ZOZOがあります。

当時は時価総額が5000億円以上で1日の出来高（売買が成立した株数）が200万株前後あったので、けいくん式株式投資の対象である〝大型株〟という条件は満たしています。

僕の場合、ZOZOのように話題やニュースになりやすい株は、イレギュラーな値動きをすることが多いので避けます。林くんはおそらく、一方通行な相場が続いていた時期なので〝方向性が予想しやすい〟と考えたのでしょう。

図1-4に示したように、林くんは2019年7月17日に3100株を買って、

図1-4　林くんの株取引の具体例①　ZOZO

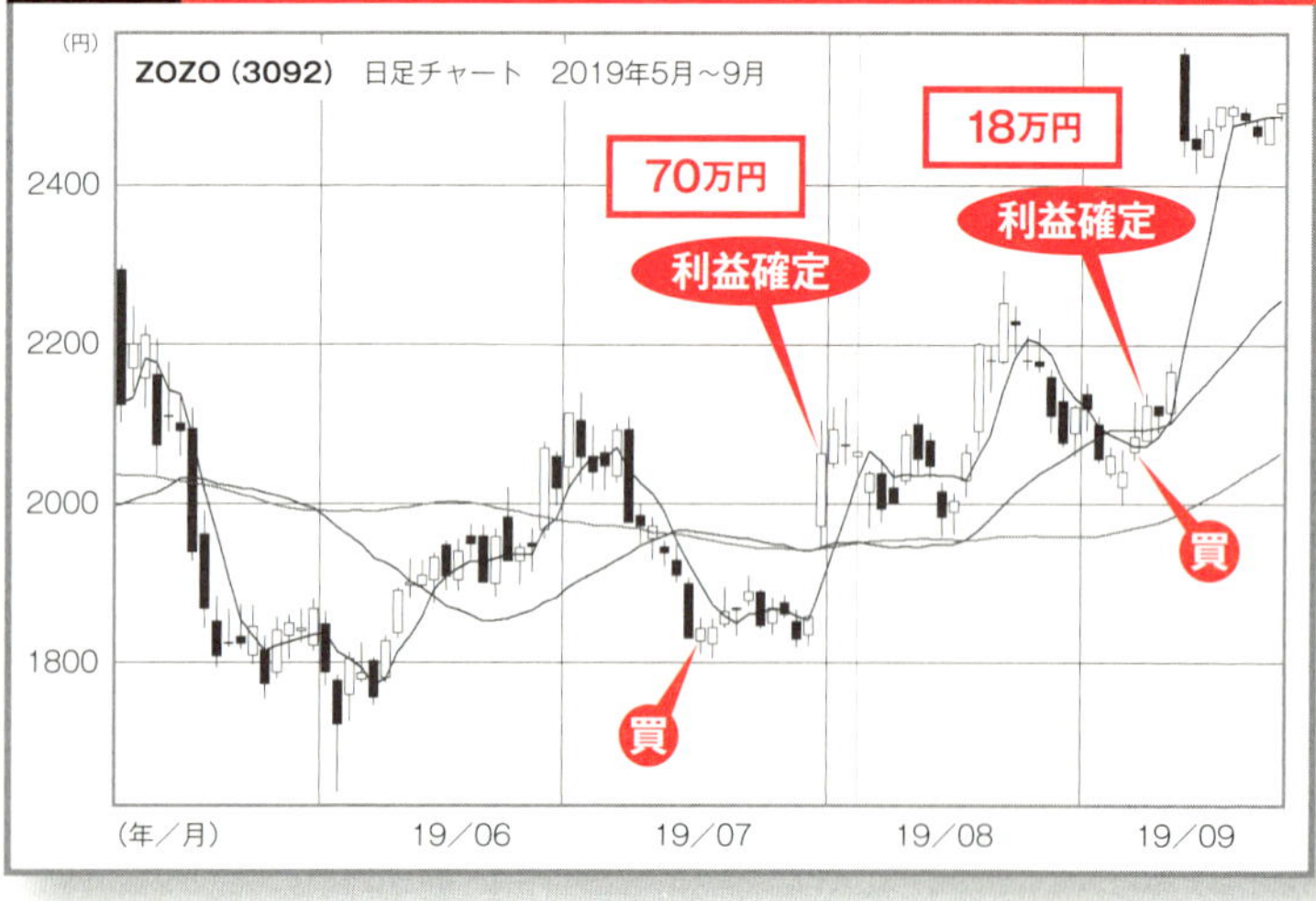

ZOZO（3092）　日足チャート　2019年5月～9月
（円）
2400
2200
2000
1800
70万円
利益確定
18万円
利益確定
買
買
（年／月）
19／06
19／07
19／08
19／09

7月31日に売却し、70万円の利益をゲットしました。9月6日に今度は4400株を買って、9月9日に全株を売却し、18万円の利益を得ています。

ZOZO以外に林くんが上昇トレンドで稼いだ例を紹介しておきます。たとえばHOYAは、何度かの売買で13万円の利益を上げています（**図1-5**）。

HOYAは僕もよく売買する得意銘柄なのですが、その値動きを見ると、ほれぼれするような上昇トレンド。比較的おだやかで、かなり規則正しい上下動が続いていて、「下がったあとに上がり始めたところで買い」を続けていたら、簡単に

図1-5　林くんの株取引の具体例②　HOYA

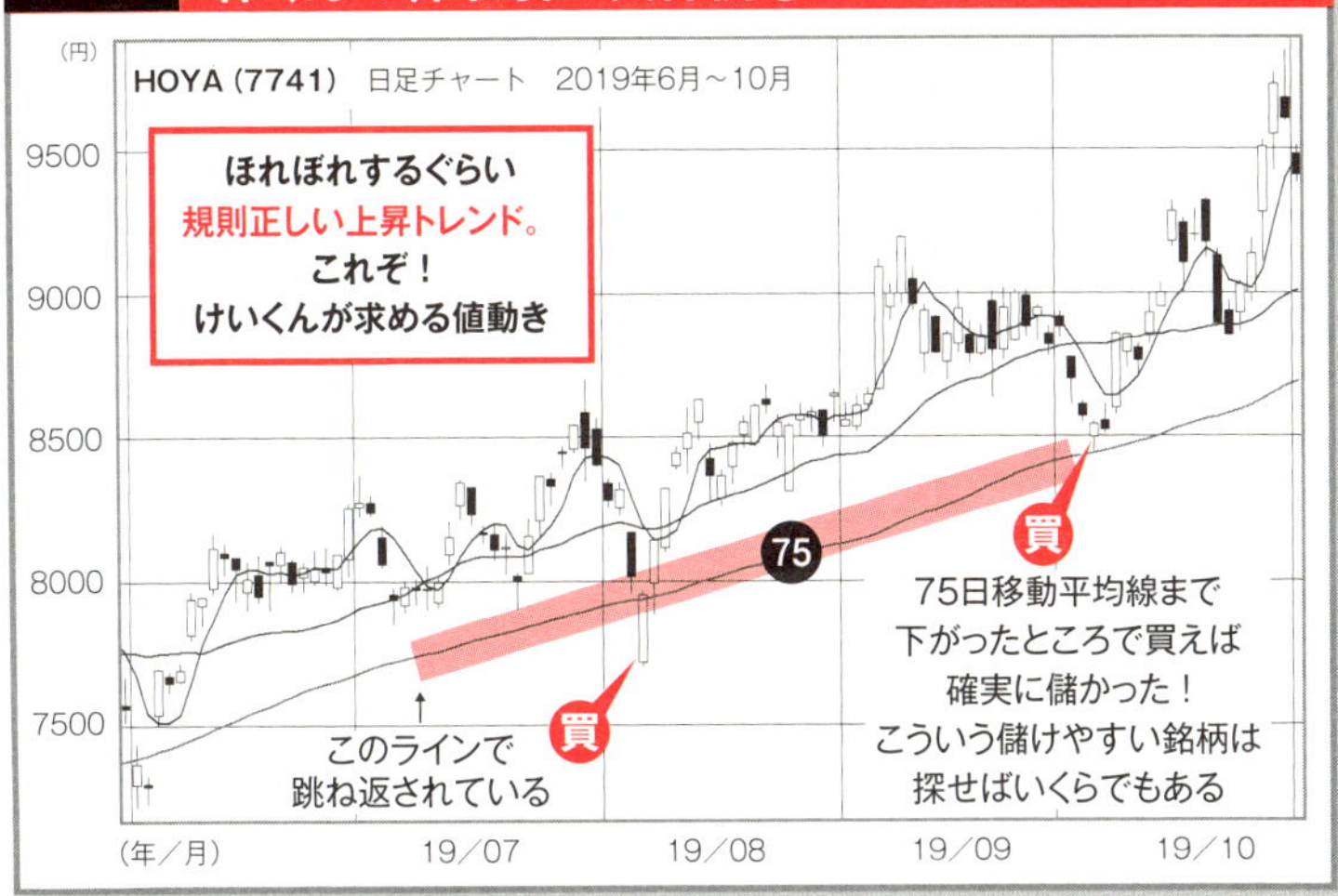
(円)
HOYA（7741）　日足チャート　2019年6月～10月
9500
9000
8500
8000
7500
ほれぼれするぐらい
規則正しい上昇トレンド。
これぞ！
けいくんが求める値動き
75
買
75日移動平均線まで
下がったところで買えば
確実に儲かった！
こういう儲けやすい銘柄は
探せばいくらでもある
買
このラインで
跳ね返されている
(年／月)
19／07
19／08
19／09
19／10

儲けることができたそうです。

そうなんです、これ、これ！

こういう単純で簡単な値動きの銘柄に狙いを絞って儲けるからこそ、「がんばらない」「なんにもしない」人でも、ルールに沿って売買するだけで大きな利益を上げることができるんです。

ＨＯＹＡといえば世界的に有名な光学レンズメーカーですが、多くの人には眼鏡のレンズのイメージが強いでしょうか。この会社は非常に地味ながら、世界中に知られた超優良株です。こういった銘柄の特徴は、取引に厚みがあって、着実な値動きが日々、生まれていることです。

4カ月で約206万円!

けいくん式に挑戦した

林くんの売買銘柄 BEST50

順位(売買した株数が多い順)	銘柄名	証券コード	買った日 or 売り建てた日	売った日 or 買い戻した日	売買した株数合計
1	セガサミーHD	6460	11/1	11/6	9000株
2	サッポロHD	2501	11/7~11/11	11/11	8100株
3	ZOZO	3092	7/22~9/6	7/31~9/9	7500株
4	日本製鉄	5401	9/26~10/1	10/23	6400株
5	日清製粉グループ本社	2002	10/30	11/1	5700株
6	オリンパス	7733	8/30~11/8	9/3~11/11	5400株
7	日本光電工業	6849	8/2~8/5	8/6	2700株
7	日産自動車	7201	9/27	9/30	2700株
9	ソフトバンク	9434	8/22	8/22	2600株
10	神戸物産	3038	8/19~8/22	8/21~8/22	2300株
11	HOYA	7741	8/6~10/4	8/15~10/17	2200株
12	山崎製パン	2212	10/30	11/1	2000株
12	大日本住友製薬	4506	9/26~11/5	9/27~11/7	2000株
12	京セラ	6971	7/31~8/2	8/2	2000株
12	本田技研工業	7267	9/9	9/10	2000株
16	アサヒグループHD	2502	11/6	11/8	1800株
16	東急	9005	8/14~8/15	8/15	1800株
16	日本電信電話	9432	8/2~8/8	8/6~8/13	1800株
19	昭和電工	4004	9/12~11/22	9/20~11/26	1600株
20	関電工	1942	8/6	8/7	1500株
20	中部電力	9502	9/11~11/18	9/13~11/22	1500株
22	川崎重工業	7012	11/5	11/6	1400株
23	住友金属鉱山	5713	11/25~11/26	11/26	1300株
23	日本電気	6701	9/26~10/30	9/27~11/1	1300株

順位（売買した株数が多い順）	銘柄名	証券コード	買った日 or 売り建てた日	売った日 or 買い戻した日	売買した株数合計
25	MonotaRO	3064	8/13	8/15	1000株
25	日産化学	4021	11/13	11/13	1000株
25	エア・ウォーター	4088	11/26	11/28	1000株
25	凸版印刷	7911	8/19	8/20	1000株
25	りそなHD	8308	9/12	9/20	1000株
30	サイバーエージェント	4751	9/12～9/19	9/20	900株
30	ライオン	4912	11/13	11/14	900株
32	アドバンテスト	6857	11/5	11/6	600株
33	ディー・エヌ・エー	2432	8/29	8/30	500株
33	セブン＆アイ・HD	3382	8/23	8/26	500株
33	協和キリン	4151	8/29	8/30	500株
33	日本ペイントHD	4612	10/31	11/5	500株
33	大塚商会	4768	11/5	11/7	500株
33	住友不動産	8830	10/31～11/1	11/5	500株
39	日立化成	4217	11/18	11/19	400株
39	オリエンタルランド	4661	11/13～11/15	11/20	400株
39	楽天	4755	7/18～7/23	7/31	400株
39	太陽誘電	6976	9/4	9/5	400株
39	SUBARU	7270	11/21	11/22	400株
44	九電工	1959	8/6	8/7	300株
44	パーク24	4666	10/30	10/31～11/1	300株
44	神戸製鋼所	5406	11/26	11/26	300株
44	ジェイ エフ イーHD	5411	7/26	7/31	300株
44	バンダイナムコHD	7832	9/12	9/13	300株
44	ユニ・チャーム	8113	8/15	8/19	300株
50	森永製菓	2201	10/30	11/1	200株

売買期間：2019年7月～11月

林くんの損益　206万2035円 儲け

けいくん式でターゲットにする銘柄は？

「どういった株を売買するか？」はその後の投資成績にも大きな影響を与えるので、もう少し詳しく僕の考えを披露しておこうと思います。

会社のお値段といいますか、大きさがわかるのは「**時価総額**」。これまで発行された株式の総数に株価をかけたものです。

僕の中で、**時価総額が４０００億円以上の会社は「大型株」**、５００億～３０００億円台が「**中型株**」、５００億円以下が「**小型株**」と認識しています。

小型株は自転車とか軽自動車のようなもので、規模が小さいため、ちょっとした衝撃で株価が大きく変動し、値動き自体も不規則になりがちです。

一方、**時価総額が３０００億円以上ある中型～大型株**なら、どんなに市場が閑散とした日でも、ある程度は取引が行われ、株価にも安定した値動きや方向性があります。

小型株の多くは、株価が下落したときに利益を生む「信用取引のカラ売り」ができません。そのため、株価がいったん下落基調になると、買いでしか利益が出せないのも、手がけにくい理由です。

大型株の多くは「**貸借《たいしゃく》銘柄**」といって、信用取引ができます。信用取引なら、株価の下落局面ではカラ売りを駆使することで利益を上げることができるので、あらゆる相場に対応できます。

僕が日々、取引するのは「**東証1部上場で時価総額が3000億～5000億円以上の中型～大型株。日々の出来高が200万株、売買金額で数百億円あるような、誰でも知っている一流企業**」です。

僕が開発したチャートソフト「ストックシミュレーション」にインプットされている銘柄は、証券コードの頭からは日本水産、国際石油開発帝石、安藤ハザマ、東急建設……、銘柄コードの最後尾からはエイベックス、スズケン、オートバックスセブン、ヤマダ電機……。どの企業も株価が急に2倍、3倍まで値上がりするような激しい動きをすることはないけれど、日本を代表する、経済にとって大事な企業ばかりです。

値動きが不規則な株は徹底的に排除する

2020年3月11日現在、**日本株の中で時価総額が1兆円以上ある企業はおよそ100社**あります。一番大きな会社は**トヨタ自動車で21兆円**。

時価総額1兆円というとでもない大企業にも思えますが、旭化成、楽天、オムロン、国際石油開発帝石、ファミリーマート、東京ガス、関西電力、丸紅、明治ホールディングス、日本オラクル、三菱重工業などが1兆円程度。

産業ガスの大陽日酸とか、ベアリング部品のミネベアミツミなんかは、世界的な技術力の高さで知る人ぞ知る企業ですが、普通の人は聞いたことがないはず。でも、そういう会社のほうが人気やその場限りの流行に振り回されない、安定して方向感のある値動きをするので株価の予想を立てやすい。

初心者の方には、**時価総額1兆円以上の地味な株に絞って取引**することをおすすめしたいです。

真偽のほどが定かではないニュースが流れていたり、「この株は儲かる」と盛ん

に推奨されているような株はたとえ時価総額が大きくても、値動きが変で突発的なので、敬遠したほうがいいと僕は思います。

ガンホー・オンライン・エンターテイメントやDeNAなど一時期、一世を風《ふう》靡《び》した**スマホゲーム株**は値動きが安定していません。僕はゲーム株のように**「柱」になる事業が1本しかないような株**は取引しないことにしています。

製薬など**バイオ関連**の株もあまり取引しません。わけのわからない新薬のニュースなどでポッと跳ねたりして、予測不能なところがあるからです。

ネットなどで盛んにニュースや話題になっている銘柄も売買しません。これも結構、重要です。

最近だと、ニュースが頻繁に出ていたソフトバンクグループやZホールディングス。大型株で値動きも豊富ですが、**どんな悪いニュースがいきなり飛び出るかわからないので敬遠**しています。

かつてのライブドアのような実体のあまりない会社も取引対象にはなりません。

NTTとかJR東日本など、しっかりした実体があって、「この会社がないとイン

図1-6 けいくんが狙う「出来高の多い大型株」の値動き

東京エレクトロン（8035） 日足チャート 2019年1月～12月
（円）
24000
22000
20000
18000
16000
14000
19／02
19／04
19／06
19／08
19／10
（年／月）
これぞ！ 理想の値動き
売りでも
儲けられる
トレンドがとても
はっきりときれいに
続くので売買しやすい

ターネットが使えない、電車に乗れない」というように、なくなると困るような会社の株のほうが安定した値動きを期待できます。また、倒産する可能性が限りなくゼロに近いので、安心して売買できるのもメリットです。

先ほどのHOYA同様、たとえば東京エレクトロンや日本電産など、**時価総額的には巨大だけど、普通の人が「ところで、それってどういう会社？」と聞いてしまうような会社**がグッド。

図1-6は2019年の東京エレクトロンの値動きですが、「上がって下がって、ずっと上がって……」というトレン

ドが本当にしっかり出ています。そんな会社のほうが、**不確定要素や波乱要素が入り込みづらい分、値動きが予測しやすく取引しやすい**んです。

双日やみずほフィナンシャルグループなどは株価が数百円なので金額的にもビギナーは手がけやすいと思います。これらも1日に8％程度の動きを見せることは珍しくありません。

双日の株価は200〜300円台で推移していますが、10万株の買い注文を入れているときに株価が270円から300円まで値上がりすると、300万円の利益が出ます。

みずほフィナンシャルグループは1日の出来高が何千万株、億以上の日もあるので、20万株、30万株という大量の買いや売りを入れても、自らの取引で株価が大きく動いてしまうこともありません。**そうした株を大量株数で売買して1回の取引で4〜8％の利益を積み重ねていくのが僕のやり方**なのです。

次ページ以降に、僕好みの厳選お宝銘柄をこっそり紹介しましたので、ぜひ参考にしてください！

利ザヤ8%を何度も抜ける

けいくん式100銘柄

※株価、時価総額のデータは2020年3月11日現在。東証1部の銘柄からけいくん式に向いた「時価総額が大きく、知る人ぞ知る有名株」を中心に抽出し、証券コード順に掲載。イレギュラーな動きをしやすい銘柄はけいくんチェックのうえ、除外。

	証券コード	銘柄名	株価（売買単位は100株）	時価総額
1	1803	清水建設	845円	6663億円
2	1812	鹿島建設	1055円	5577億円
3	2002	日清製粉グループ本社	1664円	5065億円
4	2127	日本M&Aセンター	3190円	5297億円
5	2267	ヤクルト本社	5240円	8963億円
6	2282	日本ハム	3860円	3974億円
7	2371	カカクコム	2224円	4597億円
8	2433	博報堂DY ホールディングス	1118円	4351億円
9	2802	味の素	1741.5円	9564億円
10	2875	東洋水産	4190円	4646億円
11	3003	ヒューリック	1077円	7258億円
12	3038	神戸物産	4080円	5581億円
13	3064	MonotaRO	2566円	6431億円
14	3231	野村不動産ホールディングス	2154円	4152億円
15	3289	東急不動産ホールディングス	613円	4413億円
16	3402	東レ	527円	8598億円

	証券コード	銘柄名	株価（売買単位は100株）	時価総額
17	3407	旭化成	787.8円	1兆981億円
18	3436	SUMCO	1477円	4332億円
19	3861	王子ホールディングス	452円	4585億円
20	4005	住友化学	333円	5513億円
21	4021	日産化学	4030円	5884億円
22	4042	東ソー	1280円	4161億円
23	4091	大陽日酸	1890円	8185億円
24	4183	三井化学	2243円	4589億円
25	4188	三菱ケミカルホールディングス	633.3円	9539億円
26	4204	積水化学工業	1407円	6817億円
27	4217	日立化成	4535円	9449億円
28	4324	電通グループ	2328円	6714億円
29	4506	大日本住友製薬	1445円	5750億円
30	4528	小野薬品工業	2084.5円	1兆1013億円
31	4536	参天製薬	1683円	6732億円
32	4613	関西ペイント	2233円	6088億円
33	4739	伊藤忠テクノソリューションズ	2743円	6583億円
34	4768	大塚商会	4500円	8550億円
35	4912	ライオン	1994円	5964億円
36	4927	ポーラ・オルビスホールディングス	2025円	4640億円
37	5019	出光興産	2439円	7364億円

	証券コード	銘柄名	株価（売買単位は100株）	時価総額
38	5332	TOTO	3845円	6805億円
39	5333	日本碍子	1477円	4838億円
40	5401	日本製鉄	984.8円	9359億円
41	5411	ジェイエフイーホールディングス	797円	4897億円
42	5486	日立金属	1290円	5533億円
43	5713	住友金属鉱山	2361円	6866億円
44	5802	住友電気工業	1147.5円	9110億円
45	5938	LIXILグループ	1345円	4214億円
46	6305	日立建機	2437円	5242億円
47	6448	ブラザー工業	1698円	4453億円
48	6479	ミネベアミツミ	1680円	7175億円
49	6506	安川電機	2934円	7825億円
50	6586	マキタ	3210円	8989億円
51	6701	日本電気	3820円	9950億円
52	6723	ルネサスエレクトロニクス	510円	8723億円
53	6724	セイコーエプソン	1246円	4979億円
54	6753	シャープ	1105円	5883億円
55	6857	アドバンテスト	4520円	9020億円
56	6923	スタンレー電気	2294円	3996億円
57	6952	カシオ計算機	1564円	4051億円
58	6965	浜松ホトニクス	3885円	6411億円

	証券コード	銘柄名	株価（売買単位は100株）	時価総額
59	7011	三菱重工業	2969円	1兆16億円
60	7202	いすゞ自動車	868.4円	7368億円
61	7205	日野自動車	751円	4315億円
62	7211	三菱自動車工業	318円	4739億円
63	7259	アイシン精機	3070円	9047億円
64	7261	マツダ	646円	4081億円
65	7272	ヤマハ発動機	1434円	5019億円
66	7276	小糸製作所	3650円	5869億円
67	7701	島津製作所	2513円	7440億円
68	7747	朝日インテック	2664円	6938億円
69	7752	リコー	921円	6861億円
70	7911	凸版印刷	1698円	5938億円
71	7912	大日本印刷	2290円	7425億円
72	8002	丸紅	593.9円	1兆322億円
73	8015	豊田通商	2835円	1兆38億円
74	8028	ファミリーマート	2059円	1兆436億円
75	8308	りそなホールディングス	344.6円	8009億円
76	8439	東京センチュリー	3610円	4441億円
77	8572	アコム	402円	6417億円
78	8593	三菱UFJリース	551円	4936億円
79	8601	大和証券グループ本社	414.6円	7046億円

	証券コード	銘柄名	株価（売買単位は100株）	時価総額
80	8729	ソニーフィナンシャルホールディングス	1940円	8441億円
81	8795	T&D ホールディングス	861円	5450億円
82	9001	東武鉄道	3075円	6452億円
83	9005	東急	1596円	9973億円
84	9007	小田急電鉄	2002円	7377億円
85	9009	京成電鉄	3100円	5345億円
86	9024	西武ホールディングス	1349円	4485億円
87	9042	阪急阪神ホールディングス	3255円	8277億円
88	9045	京阪ホールディングス	4100円	4640億円
89	9064	ヤマトホールディングス	1581円	6503億円
90	9142	九州旅客鉄道	3050円	4798億円
91	9143	SG ホールディングス	2148円	6878億円
92	9201	日本航空	2369円	8131億円
93	9202	ANA ホールディングス	2800円	9758億円
94	9503	関西電力	1109円	1兆411億円
95	9506	東北電力	912円	4586億円
96	9531	東京ガス	2356円	1兆424億円
97	9602	東宝	3380円	6303億円
98	9766	コナミホールディングス	3395円	4872億円
99	9831	ヤマダ電機	476円	4600億円
100	9962	ミスミグループ本社	2104円	5973億円

第2章

1億円の道は
ローソク足から

一生稼げる
けいくん式
株のルールブック

ローソク足っていったい、なんだ？

本章では、ドリルを解くための下準備として、株式投資のルーティンワークに必要な基礎の基礎について解説します。

株式投資で利益を出すためには、**株を安く買って高くなったら売るか、高い株価で売って安くなったら買い戻すか**、のいずれかしかありません。

つまり、株式投資にとって最も大切なのは株価です。

日々、変動する株価を見て「上がるか下がるか」を予想するわけですから、過去の株価の値動きを示した「**チャート**」というグラフを見て、「これまで上がってきたのか下がってきたのか」、「今の株価は高いのか安いのか」、「上か下か、このあと、どっちに行きそうか」を考える必要があります。

株式投資で最初に覚えないといけないグラフ、それが「**ローソク足チャート**」です。グラフっていうと、普通は折れ線グラフか棒グラフですよね？

株価だって折れ線グラフで示してもいいんですが、多くの人は「ローソク足」という、棒グラフが折れ線グラフの中に入り込んだようなグラフを使って、今の株価をチェックしたり、過去の値動きの流れを見渡したりします。

ローソク足チャートを知っているか知らないか。これが株式投資をしている人／していない人を分け隔てる「最初の壁」だと思います。

どうしてローソク足なのか？　その理由は僕もよくわかりません（笑）。

よくいわれるのは、単なる折れ線グラフだと点と点をつないだだけで、点の中でなにが起こっているのかわからないということ。対して、ローソク足という「うまい棒」のようなスティック状のもので「点」を表現すれば、**点の中で起こっている値動きまでが詳細にわかる**。これが利点といえます。

極端な例でいうと、1日に何度もテスト（100点満点）をして、朝は50点、昼は80点、夜は70点の点数だったとき、夜の70点だけがその日の点数として記録され、朝や昼の点数は無視してしまうのが折れ線グラフです。

それに対して、ローソク足チャートを使えば、「朝50点で始まり、昼間はがんばって80点とったけど、夜は70点で、その日が終わった」という1日の中の点数の動きをあとから振り返ることができます。

図2-1に示したのがローソク足の仕組みです。**一番大切なのは色**です。取引が始まって最初につけた株価（「**始値**」）より取引の最後につけた株価（「**終値**」）が高いローソク足は「**陽線**」、低いローソク足は「**陰線**」といって、色の違うローソクで表現します。

本書では、**陽線は白、陰線は黒**で表現します。インターネットなどカラーチャートで見るときは「陽線は青、陰線は赤」とか「陽線は緑、陰線は赤」といった色がついていることもあります。

ローソク足の上下には、にょろっとヒゲのような線が出ていますが、このヒゲも大切です。上に突き出した線は「**上ヒゲ**」といって、その先端はその期間中に株価がつけた**高値**を示します。下に突き出した線は「**下ヒゲ**」といって、その期間中の**安値**を示します。

つまり、ローソク足の中には**その期間中の始値、高値、安値、終値という4つの情報がインプット**されていて、パッと見るだけで、期間中に起こった値動きを

図2-1 ローソク足の仕組みを覚えよう!

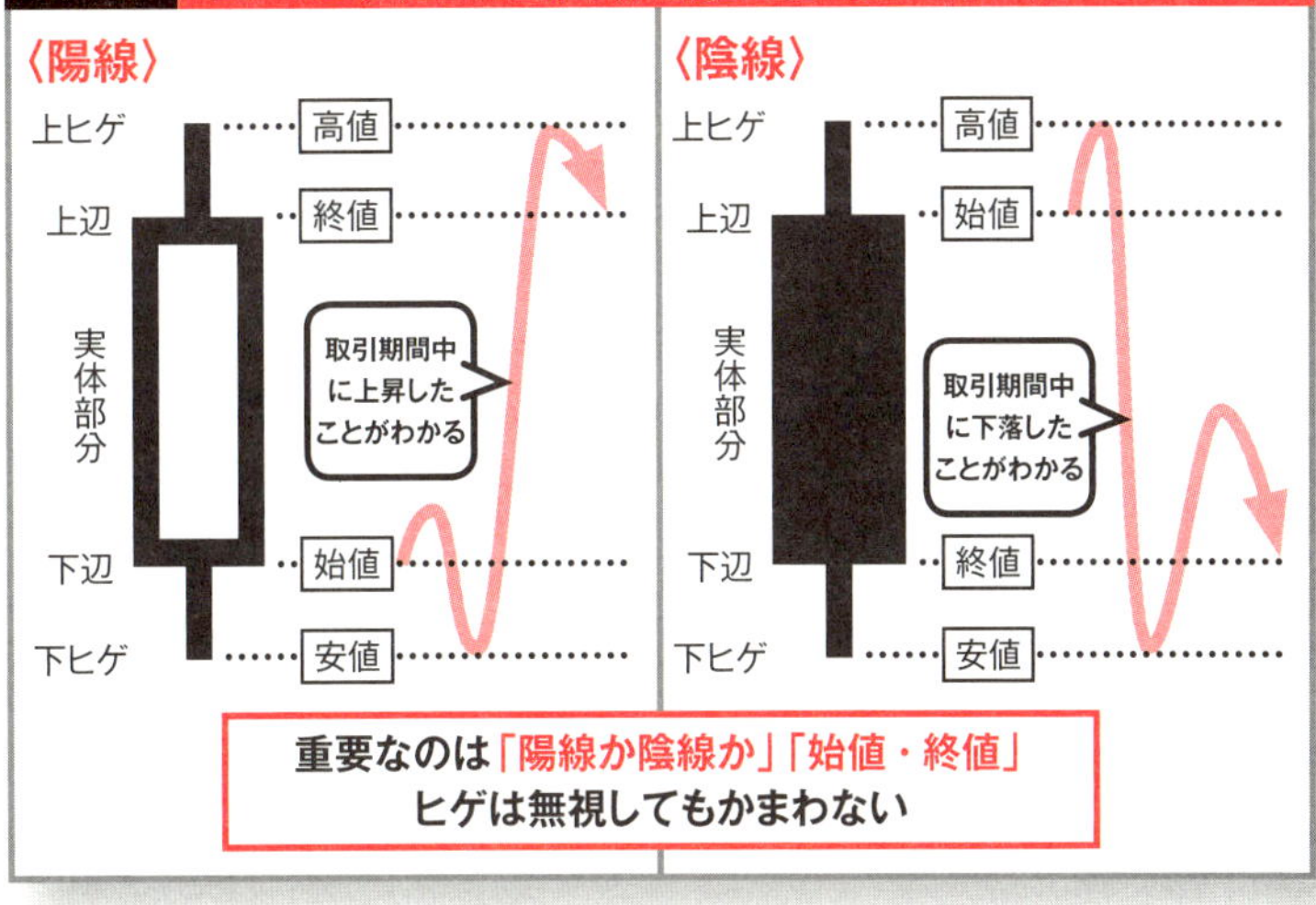
〈陽線〉
上ヒゲ
高値
上辺
終値
実体部分
取引期間中に上昇したことがわかる
下辺
始値
下ヒゲ
安値
〈陰線〉
上ヒゲ
高値
上辺
始値
実体部分
取引期間中に下落したことがわかる
下辺
終値
下ヒゲ
安値
重要なのは「陽線か陰線か」「始値・終値」
ヒゲは無視してもかまわない

かなりリアルに追体験できるのです。慣れてくると、見ただけでその期間中の値動きが頭に浮かぶようになります。

始値から終値まで株価が一直線で上昇したときのローソク足は「**大陽線**」。上昇の勢いが強いシグナルになります。

前のローソク足の終値に比べて、次のローソク足の終値が上にあれば株価は上昇、下がっていれば下落したことを意味します。

ヒゲに関しては、よく「長い上ヒゲはいったん勢いよく上昇したものの、その後、失速して下落に転じたので株価の勢いが弱い証拠」などと解説される場合もありますが、僕はあまり重視していません。

というのも、一部の機関投資家が取引時間中に比較的大きな取引をしただけで長いヒゲができてしまうことも多いから。

朝9時に取引がスタート（**「寄り付き」**）したときの始値や**午後3時に取引が終了**（**「大引け」**）したときの終値が決まる瞬間の取引量の多さは、取引時間中とは比べ物にならないぐらい莫大《ばくだい》です。つまり、始値や終値は、非常に大勢の投資家が売買した結果、生まれた価格。一部の投資家がチョロッと売買しただけでできてしまう高値や安値に比べて、**価格の重み**がまるで違うんです。

ということで「**ヒゲはあんまり気にしなくていい**」というのが僕の持論。ローソク足が前日より上がっているか下がっているかが一番重要です。それ以外はそのローソク足が陽線か陰線かだけ確認すれば、ローソク足の観察は「はい、終了！」でいいと思います。

その視点でローソク足チャートを見れば、**株価の上昇が続いているときは陽線が多くなり、下落が続いているときは陰線が多発し、横ばい相場のときは陽線と**

図2-2　上昇・下落・横ばい時のローソク足

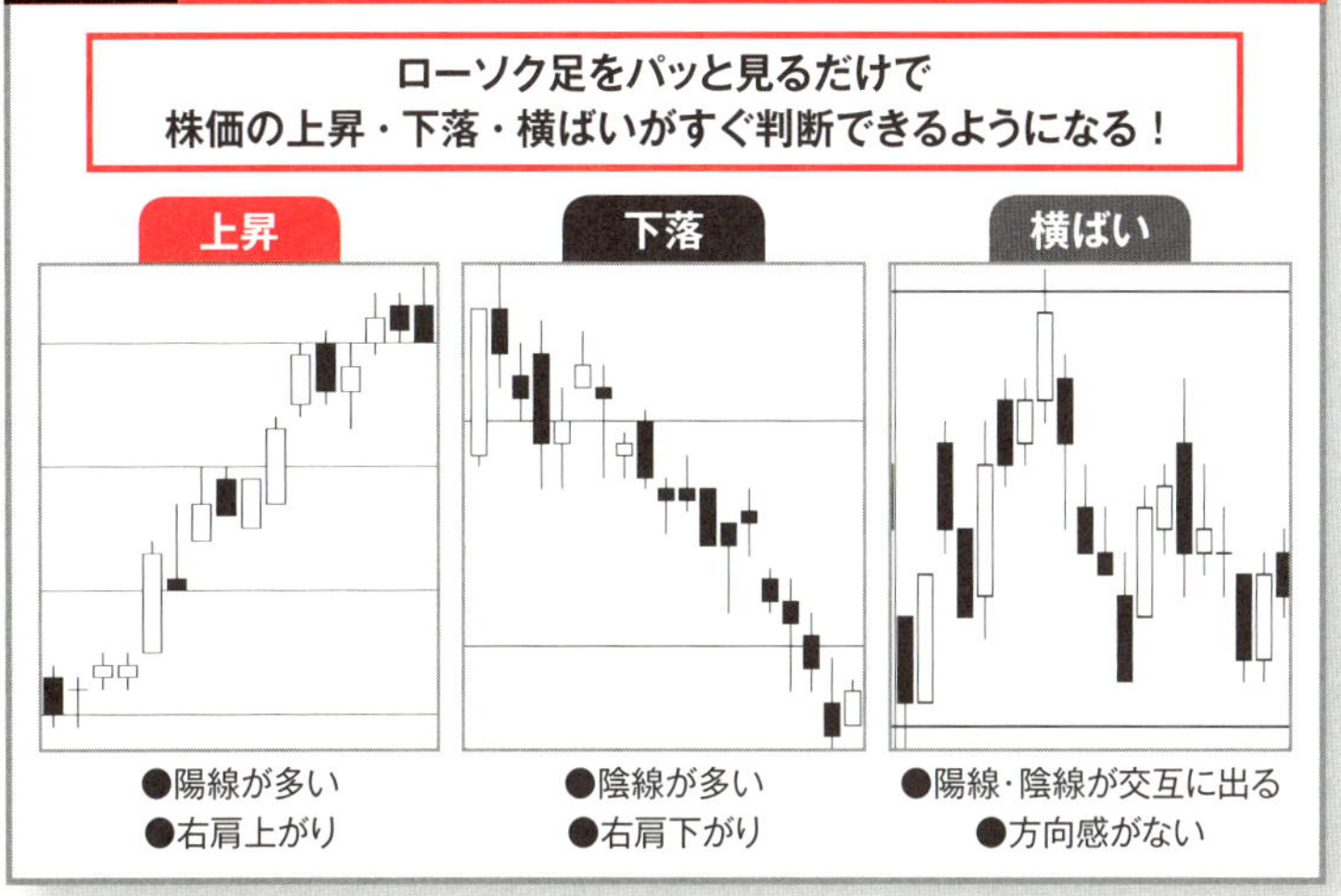
ローソク足をパッと見るだけで
株価の上昇・下落・横ばいがすぐ判断できるようになる！
上昇
下落
横ばい
●陽線が多い
●右肩上がり
●陰線が多い
●右肩下がり
●陽線・陰線が交互に出る
●方向感がない

陰線が交互に出る展開になることがわかります（**図2-2**）。

まずはチャートを見て、ここは陽線連発だから上昇が続いている、陰線連発だから下落中というように状況判断ができるようになりましょう。

ただし、買いの場合は陽線が連発している段階で飛び乗るのでは遅すぎます。陽線、陰線が交互に出ているような横ばい相場の段階からローソク足の変化に注目して、株価が上昇に転じる初動のタイミングですかさず乗ることが大切です。

上がるタイミング、下がるタイミングがなんとなくわかるようになるためには

「『次のローソク足はどうなるか』を1本1本予測しながら、チャートをスクロールしていく」練習法をおすすめします。

たとえば、**図2-3**。ローソク足の値動きを見ると、ゆるやかな下落基調にあった株価が380円前後で行ったり来たりして、方向性がわかりづらくなっています。きっちり380円のラインでしばらく足踏みしたあと、それらの短いローソク足をガバッと包むような形で大陰線が出現しました。

この状況を見て、「次は、上がるか、下がるか？」を自分なりに予測してみましょう。大陰線の前は、陽線と陰線が交互に出ている形ですので、上に行くか下に行くか迷っている状態なわけです。ただし陽線が出ても、キリのいい節目の株価である400円まで届く気配は感じられません。

そんな状態が10営業日以上も続いたあとに、今後の〝意思〟をはっきり示すような大陰線――「このあとは、反発上昇せずに再び下落トレンドに入るかもしれないな」と思えてきませんか？　予想通り、大陰線の翌日は短い陽線が1日だけ出ましたが、株価は下がっていきました。

図2-3　「ローソク足めくり」練習法とは？

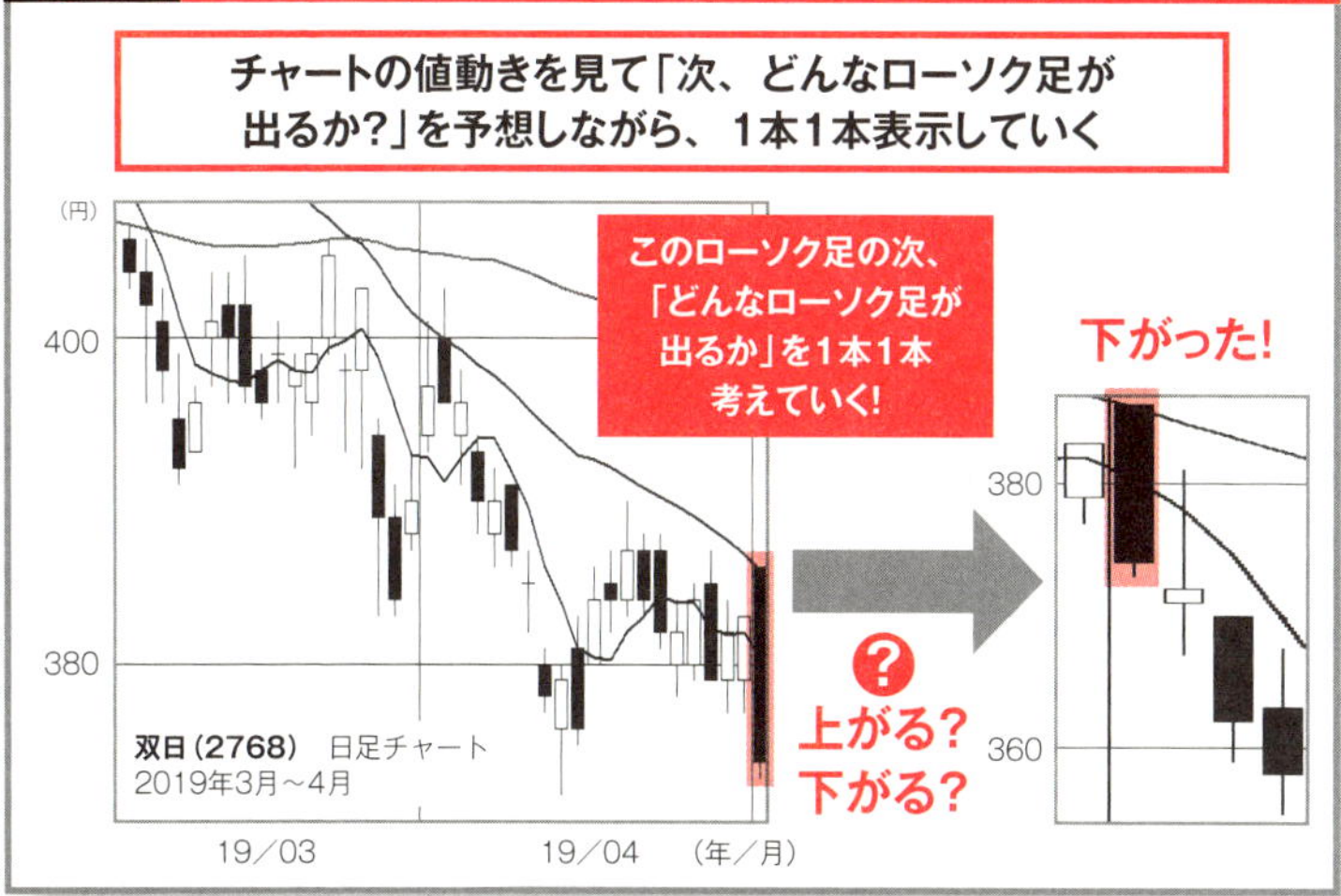
チャートの値動きを見て「次、どんなローソク足が出るか？」を予想しながら、1本1本表示していく
(円)
400
380
双日(2768)　日足チャート
2019年3月〜4月
19／03
19／04
(年／月)
このローソク足の次、「どんなローソク足が出るか」を1本1本考えていく！
上がる？
下がる？
下がった！
380
360

「ローソク足、次はどうなる？」という予想を僕は「**ローソク足めくり**」と呼んでいます。この練習を続けていくと、ローソク足の形状や株価の節目、過去に値動きした価格帯に対する意識が研ぎ澄まされて、**株価の流れをなんとなく予想できる**ようになります。

とにかくローソク足チャートをのべ1000年分ぐらい見て、「ローソク足がこういう形になったら上がりやすい／下がりやすい」という過去の事例を自らの体験や知識として頭の中にしっかりインプットすることが大切です。

そのために僕が開発したのが「**ストッ**

図2-4　けいくん開発「stock simulation」で練習

stock simulation
ランダム疑似トレード
TOP
観察銘柄
今月のトレーニング銘柄
イベント
疑似トレード終了
決算まで 23日 含み損益 47,000 円 確定損益 70,500 円
チャートを見て買いか売りか、
「ポジション画面」で疑似トレードを行う。
1本1本、ローソク足を表示して
いくと損益が自動計算される
ポジション
▶1日
▶2週間
▶2ヶ月
売
買
0
-
2
売+
買+
売-
買-

クシミュレーション」（https://stock-simulation.com/register）という株価チャートの練習ソフトです（**図2-4**）。

これは僕が日々トレードしている５００銘柄近くの株価が過去10年分見られるチャートを素材にして、「今日のローソク足で買うか売るか」を決めたあと、１日ずつローソク足を未来に進めることで、その売買でいくら儲かったか損したかをシミュレーションしてくれるソフトです。初月は無料なので、もしよかったら試しに使ってみてください。それではいよいよドリルの出題です。次ページから２問、ローソク足に関するドリルです。

想像しよう

ローソク足ドリル① QUESTION

この値動きがローソク足になると、どんな色、形になる？

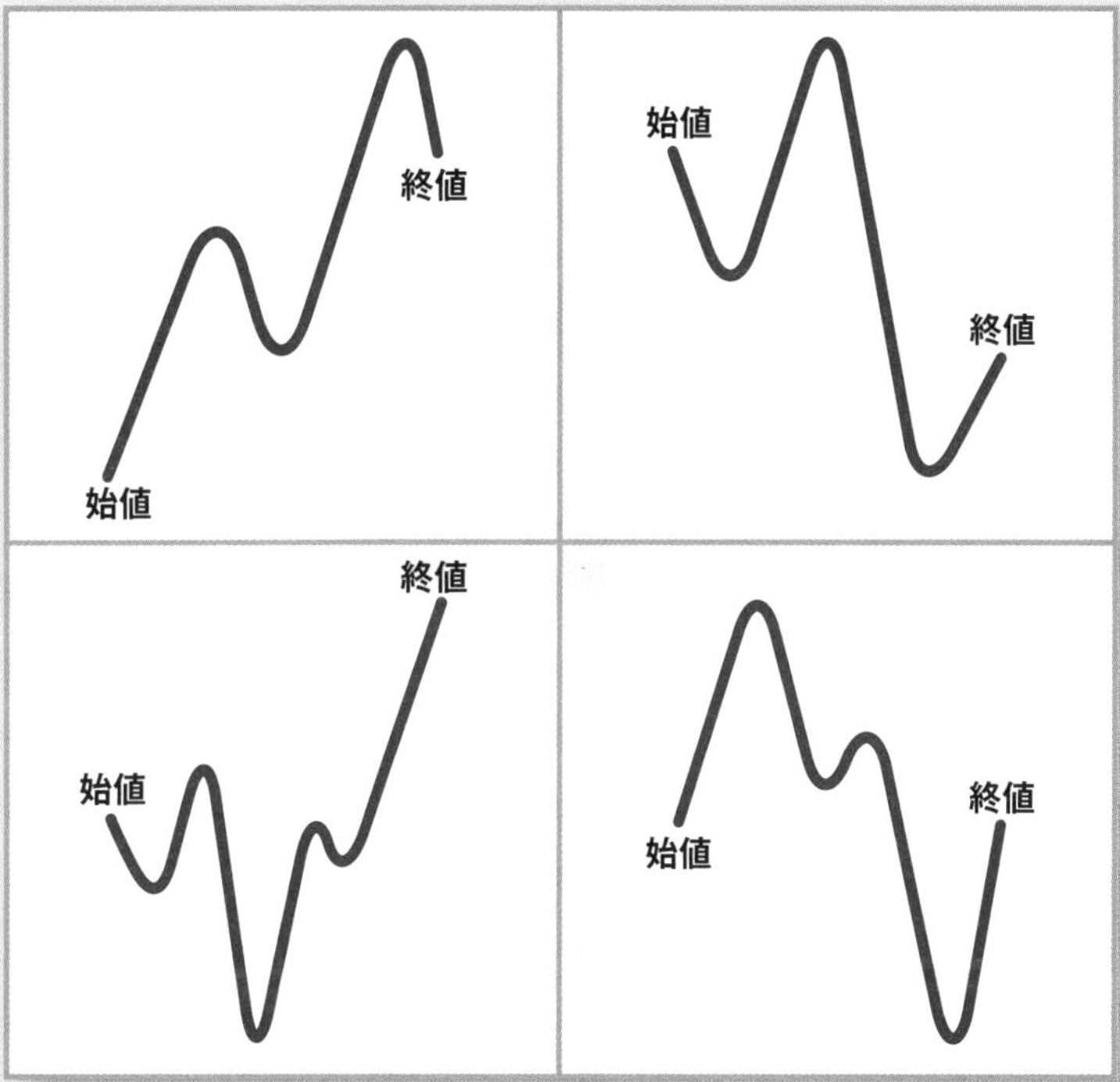

ヒント

始値より終値が高ければ陽線（白）、低ければ陰線（黒）になります。値動き中の最高値、最安値が上ヒゲ、下ヒゲの先端になります。

こう
なった

ローソク足ドリル① ANSWER

陽線と陰線の形を見た瞬間に値動きを把握できるようになりましょう。

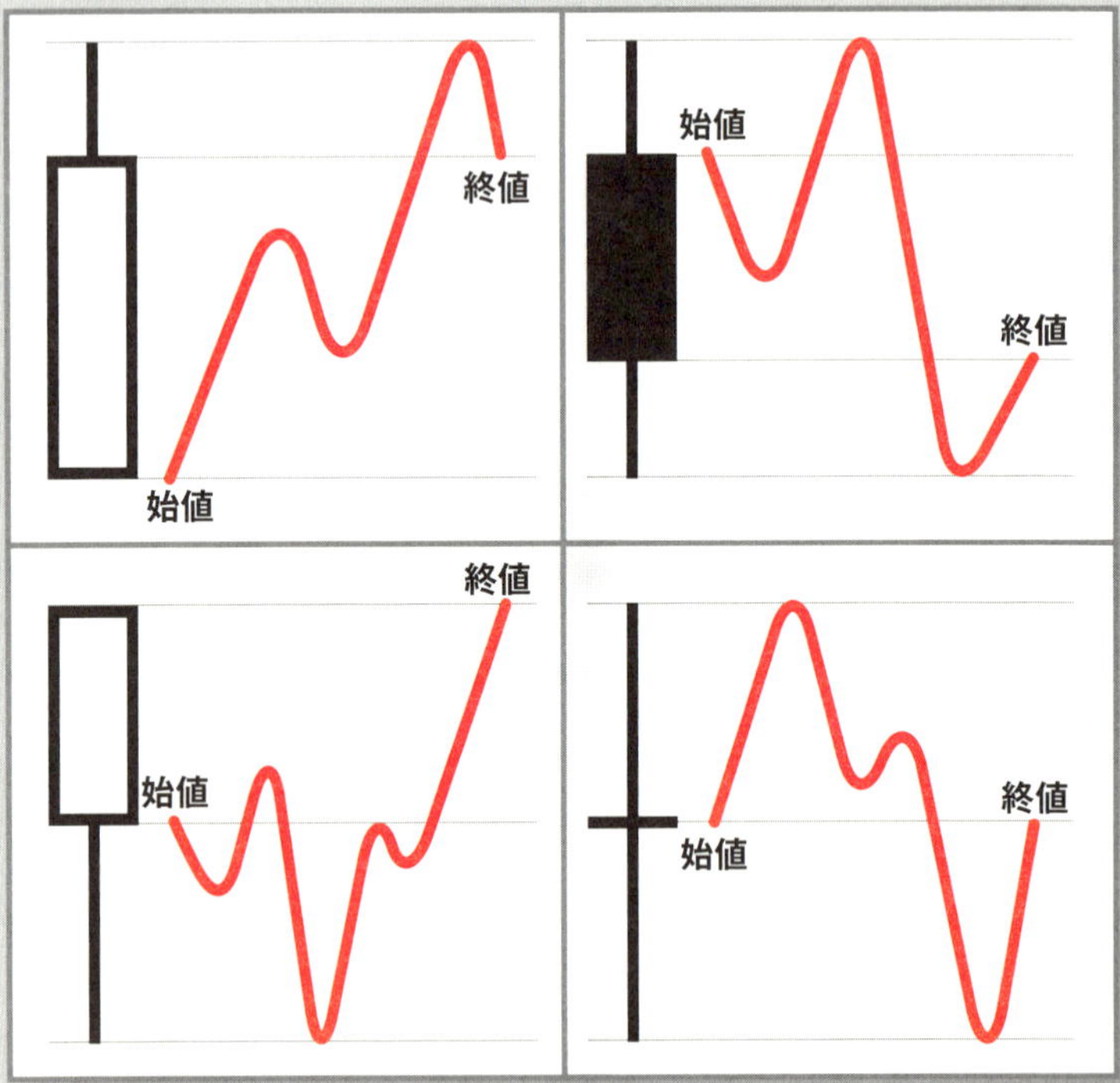

ポイント

投資家の取引が集中する始値と終値の位置に注目。「結局、上がったのか下がったのか」が一番重要なので、途中経過は無視してもいいぐらいです。

想像しよう

ローソク足ドリル② QUESTION

複数のローソク足の組み合わせを1本にまとめて表現してください。

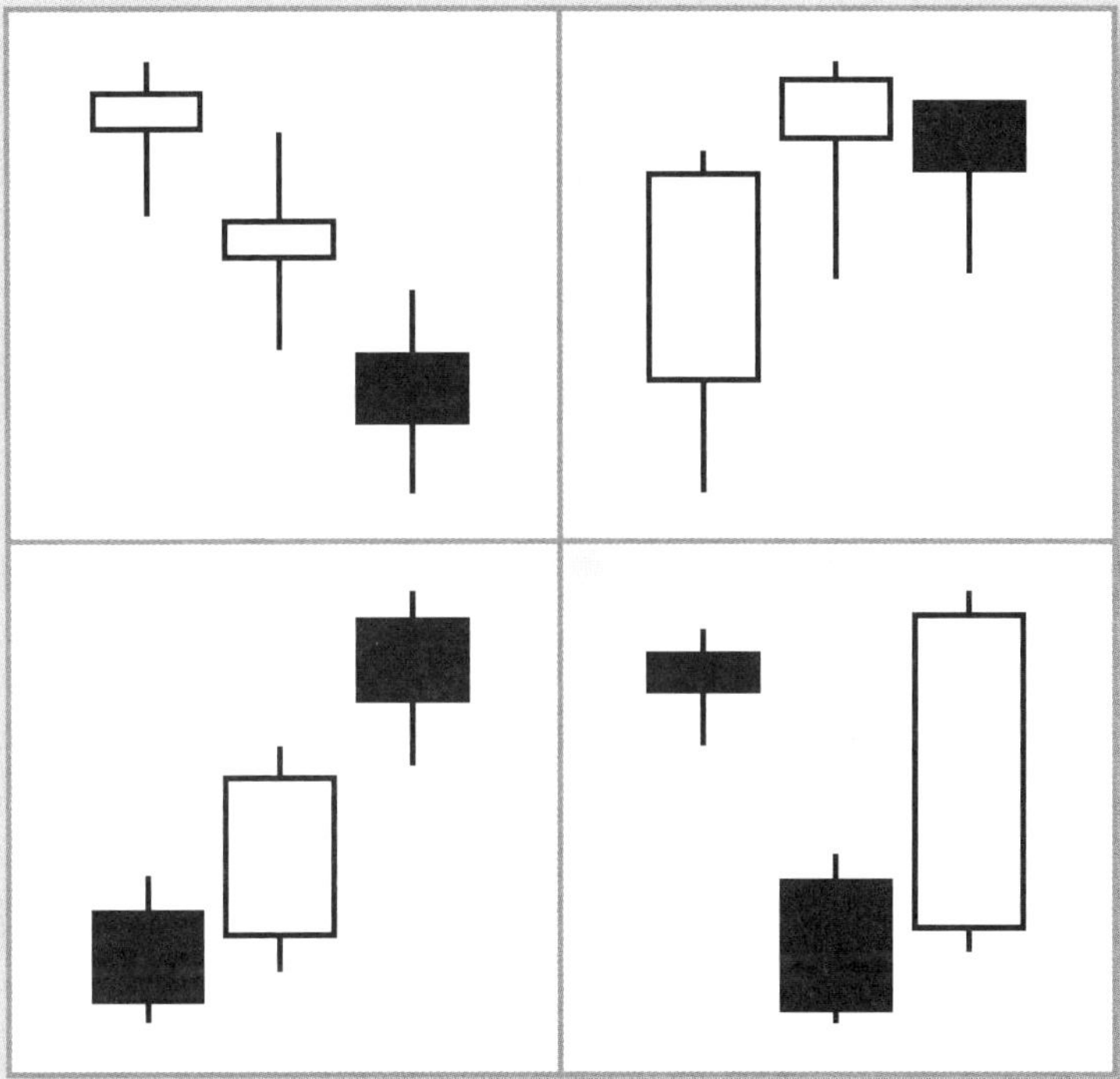

ヒント

最初のローソク足の始値と最後の足の終値の位置で「期間中、上がったか下がったか」がわかります。途中の足で「どんなふうに上がったか下がったか」も見ておきましょう。

こうなった A

ローソク足ドリル② ANSWER

1本のローソク足だけでも期間中の値動きがわかるようになりましょう。

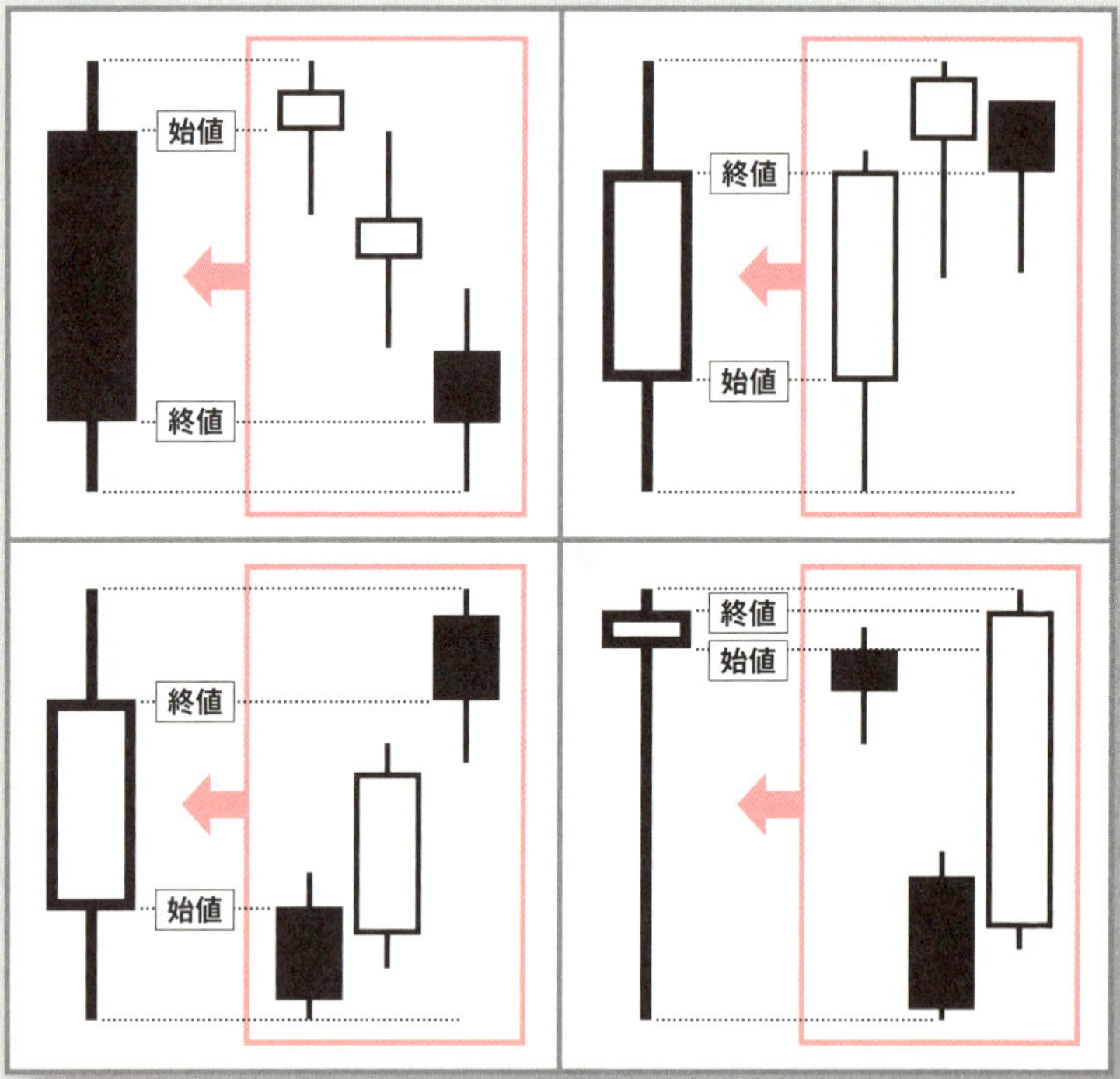

ポイント

左下のローソク足は上昇だけど勢いが弱いとか、右下のローソク足は強烈な反転上昇であることなど、値動きや勢いがわかれば十分です。

移動平均線っていったい、なんだ？

ローソク足は実際に投資家が大切なお金を投じて株を買ったり売ったりした「結果＝価格」を示したものですから、とても重要です。

でも、**最近の日本株は海外投資家の売買比率が6～7割**を占めています。すると、どうなるでしょうか？　米国・ニューヨーク証券取引所と日本の時差は約13時間。この間に海外投資家が日本株の指数を先物取引などで売買するため、日本の取引所がオープンしていない夜間に大きく動くことが増えています。

そのため、日本を代表する株価指数である「日経平均株価」などは、深夜の欧米市場の影響をモロに受けてしまいます。日本で取引が行われる昼間（欧米は深夜）の時間帯の値動きを示した**ローソク足の間に「窓」と呼ばれる空白**が出現するのは、海外投資家の売買によるところも大きいのです。

ローソク足が実際に値動きしている価格帯より、窓が空いて空白になった価格帯のほうが多い、という状態になると、ローソク足だけを見ていても正確に未来を予測することができません。

ローソク足の窓が空きすぎたり、ジェットコースターのように株価がアップダウンしすぎると、「全体としてどの方向に向かっているのか?」がよくわからなくなってしまいます。

そこでローソク足とともに必需品になるのが「**移動平均線**」です。

移動平均線とは、期間を設定して、その期間中の株価の終値の平均値を結び、1本の線にしたもの。ローソク足のような空白がなく、1本の線として連続しているので、移動平均線を見れば、**全体としての株価の方向性や上昇・下落の勢いなどを判断**できます。

僕がよく使うのは、5日間の株価の終値を足して5で割った**5日移動平均線、**同様の計算式からできている**25日移動平均線、75日移動平均線**の3本です。5日線は短期、25日線は中期、75日線は長期の株価の方向性を示した線になります。

株価の方向性は「**トレンド**」と呼ばれます。**上昇トレンドのときは買い、下降トレンドのときは売り、横ばい(上にも下にも動かない)トレンドのときは〝様子見〟**

図2-5 移動平均線・3つのチェックポイント

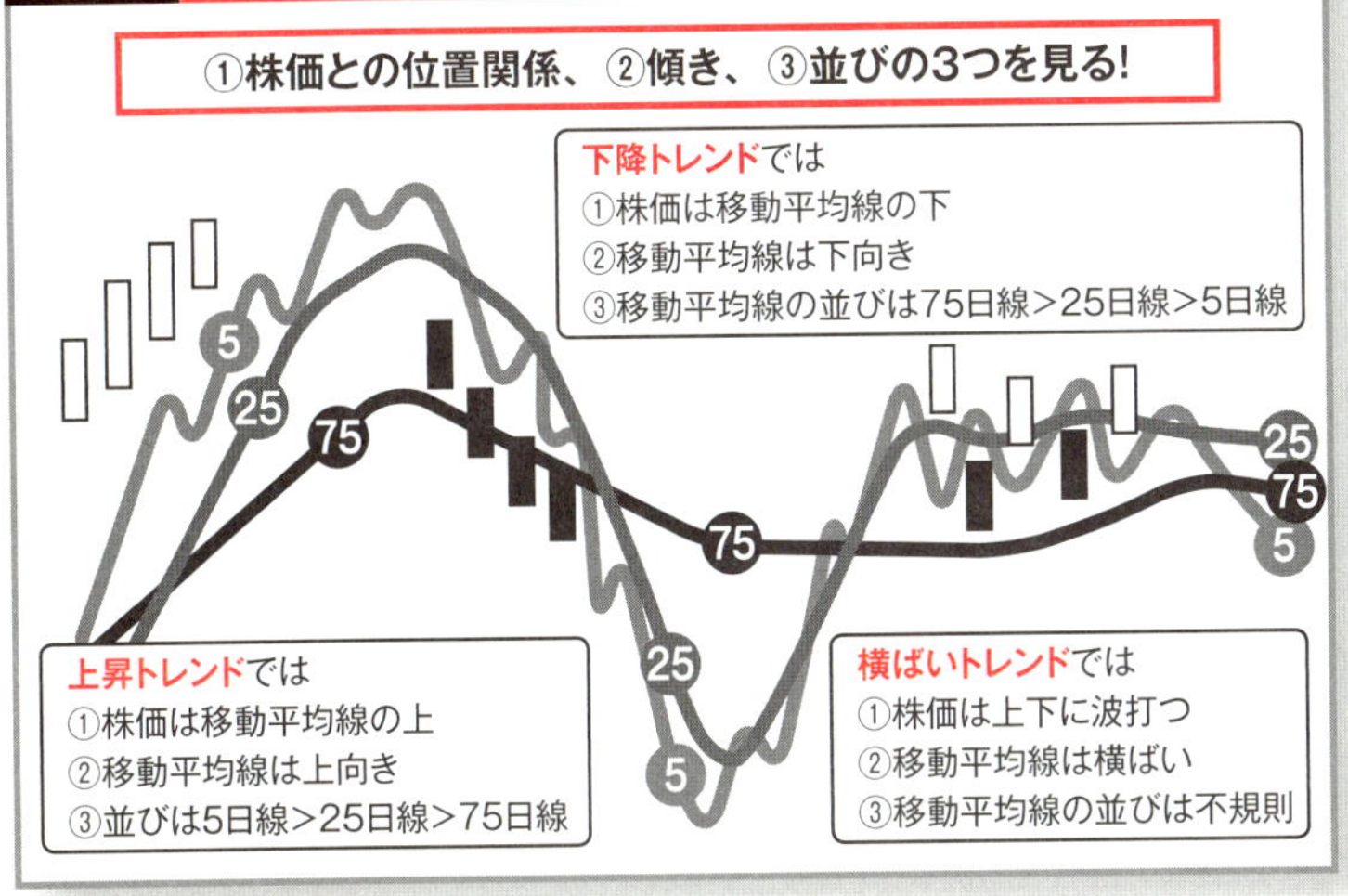
①株価との位置関係、②傾き、③並びの3つを見る!
下降トレンドでは
①株価は移動平均線の下
②移動平均線は下向き
③移動平均線の並びは75日線>25日線>5日線
上昇トレンドでは
①株価は移動平均線の上
②移動平均線は上向き
③並びは5日線>25日線>75日線
横ばいトレンドでは
①株価は上下に波打つ
②移動平均線は横ばい
③移動平均線の並びは不規則
5
25
75
75
25
5
25
75
5

が基本的な売買戦略になります。

株式投資にとって重要な株価のトレンドを見るために、移動平均線は必要不可欠のツールといえるでしょう。

図2-5に示したように、大切なのは移動平均線とローソク足の位置関係、移動平均線の傾き、さらには短期、中期、長期移動平均線の並びの3つ。この3つだけは覚えるようにしましょう。

上昇トレンドというのは、**①株価が移動平均線の上にあり、②移動平均線の傾きが上向き、③移動平均線の並びが上から順に5日線＞25日線＞75日線**と三拍子そろったとき。

下降トレンドは**①株価が移動平均線の下、②移動平均線が下向き、③並びが75日線＞25日線＞5日線**のとき。

横ばいトレンドは**①株価が移動平均線の上や下を行ったり来たりして、②移動平均線が横ばい、③5日線、25日線、75日線がもつれ合って並びが頻繁に入れ替わっている**とき。

移動平均線とローソク足に注目していれば、①〜③のトレンドが継続しているのか、それとも転換しそうなのかがわかります。

たとえば上昇トレンドが続いているときに、①株価が移動平均線の下に潜る、②移動平均線の傾きが上向きから横ばいになった、③5日線が25日線の下に潜って並びが変化した！となれば、上昇トレンドが小休止したシグナルと判断することができます。

さらに、④25日線の傾きも横ばいから下向きに、⑤5日線だけでなく25日線も75日線を下回って、並びが75日線＞25日線＞5日線に変化したら、それは上昇から下降へトレンドが転換したことを意味します。

図2-6 移動平均線も表示して「次はどうなる?」

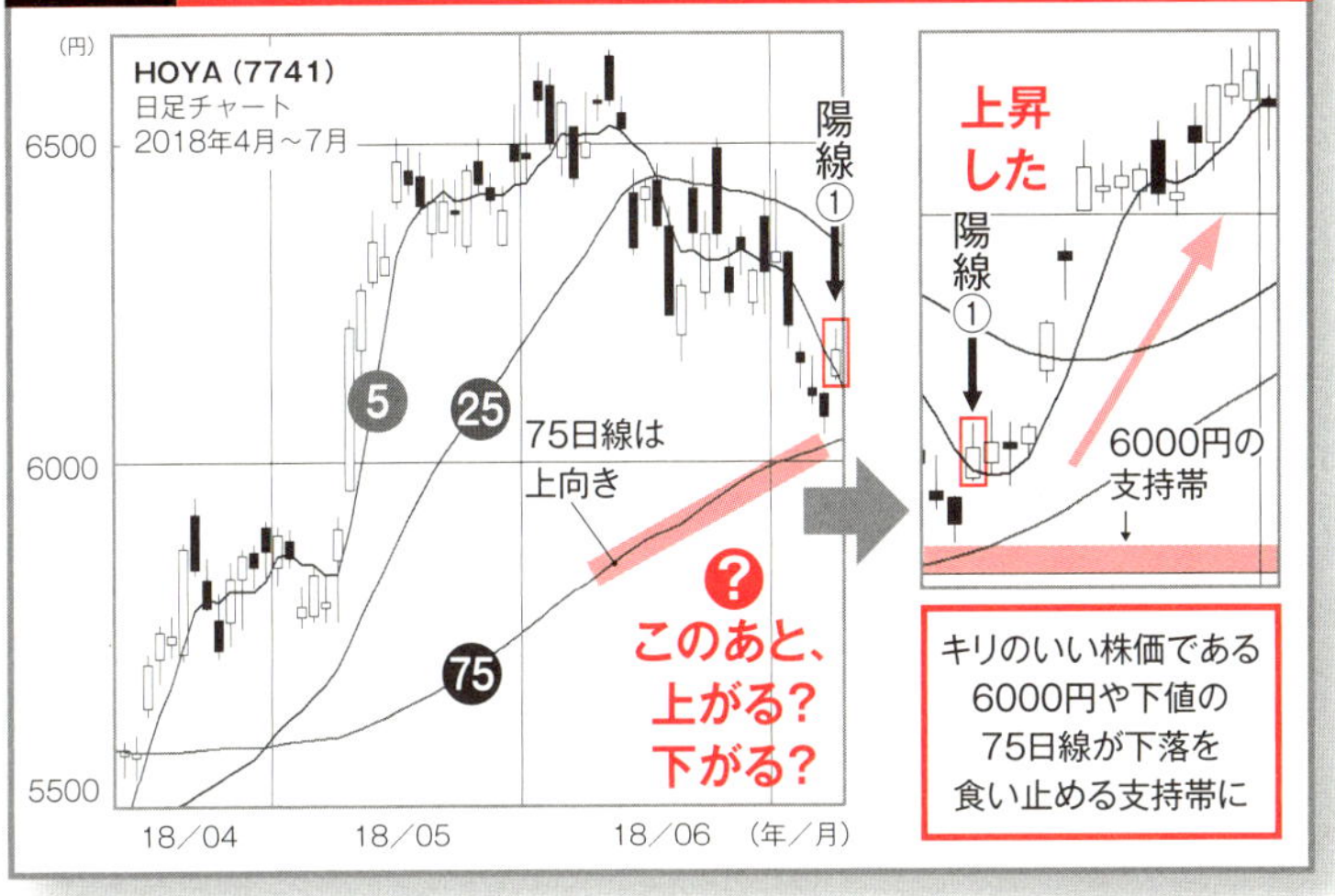

(円)
HOYA (7741)
日足チャート
2018年4月~7月
6500
6000
5500
18/04
18/05
18/06
(年/月)
陽線①
5
25
75
75日線は
上向き
?
このあと、
上がる?
下がる?
上昇
した
陽線①
6000円の
支持帯
キリのいい株価である
6000円や下値の
75日線が下落を
食い止める支持帯に

ローソク足と移動平均線の関係は生き物のように時々刻々と変化します。その変化を見て、「まだまだトレンドが継続しそうだから買い」とか「上昇から下降トレンドに転換しそうだから売り」といった売買戦略を立ててみましょう。

51ページの図2-3「ローソク足めくり」でも、判断を下しやすいように移動平均線を消さないでいたのですが、移動平均線の傾きや株価との位置関係を加味すると、「この次どうなる?」という予想もやりやすくなります。

たとえば**図2-6**のHOYAの場合、上昇トレンドの移動平均線の並びが完成したあと、いったん株価が下落しています。でも75日線、さらには6000円というキリのいい株価が**サポート（「支持帯」といいます）として株価下落を食い止めるクッション**の役割を果たしました。そして最後の陽線①が出現すると、再び上場トレンドに戻っていきました。

株価下落を阻みそうな「6000円というキリのいい株価」、「上向きの75日線」という2つの〝目印〟があって、実際に最後の陽線①がそのライン上で反発上昇に転じたわけですから、「この上昇トレンドは継続するだろう」という判断が下しやすくなるわけです。

移動平均線「だけ」での売買は厳しいですが、いくつかの〝目印〟をつけ加えることで、買いと売りの精度はどんどん高まります。

そしてトレードにおいて移動平均線は、全体の流れを読みながら確度の高い売買をするのに欠かせない存在。ローソク足を消して移動平均線だけを見ても、その期間中の株価の値動きを想像できるようになれば合格です。

次ページ以降で移動平均線に関するドリルを解いてみてください。

想像しよう

移動平均線ドリル① QUESTION

あえて移動平均線だけを表示しました。図中のアミの中のローソク足の動きは?

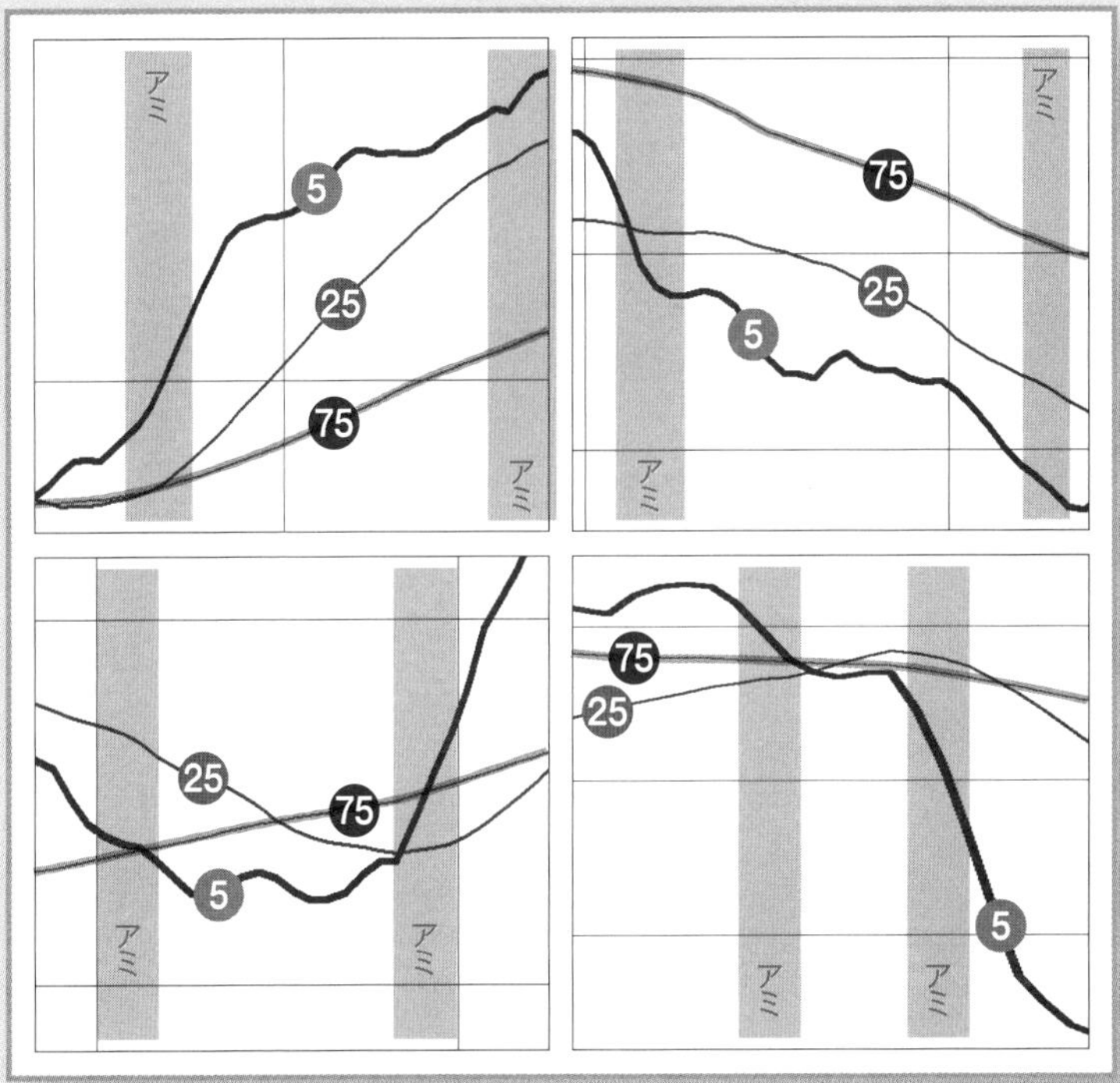

ヒント

移動平均線が5日、25日、75日の順に並んでいるか、それが上向きか下向きかでローソク足の動きは予想可能。ローソク足にいち早く反応して動くのが5日線。5日線が上向きだとローソク足も上がっているはず。さあ、値動きを想像しましょう。

こう
だった

移動平均線ドリル① ANSWER

5日線が上向きならローソク足はそのすぐ上、逆ならすぐ下にある。

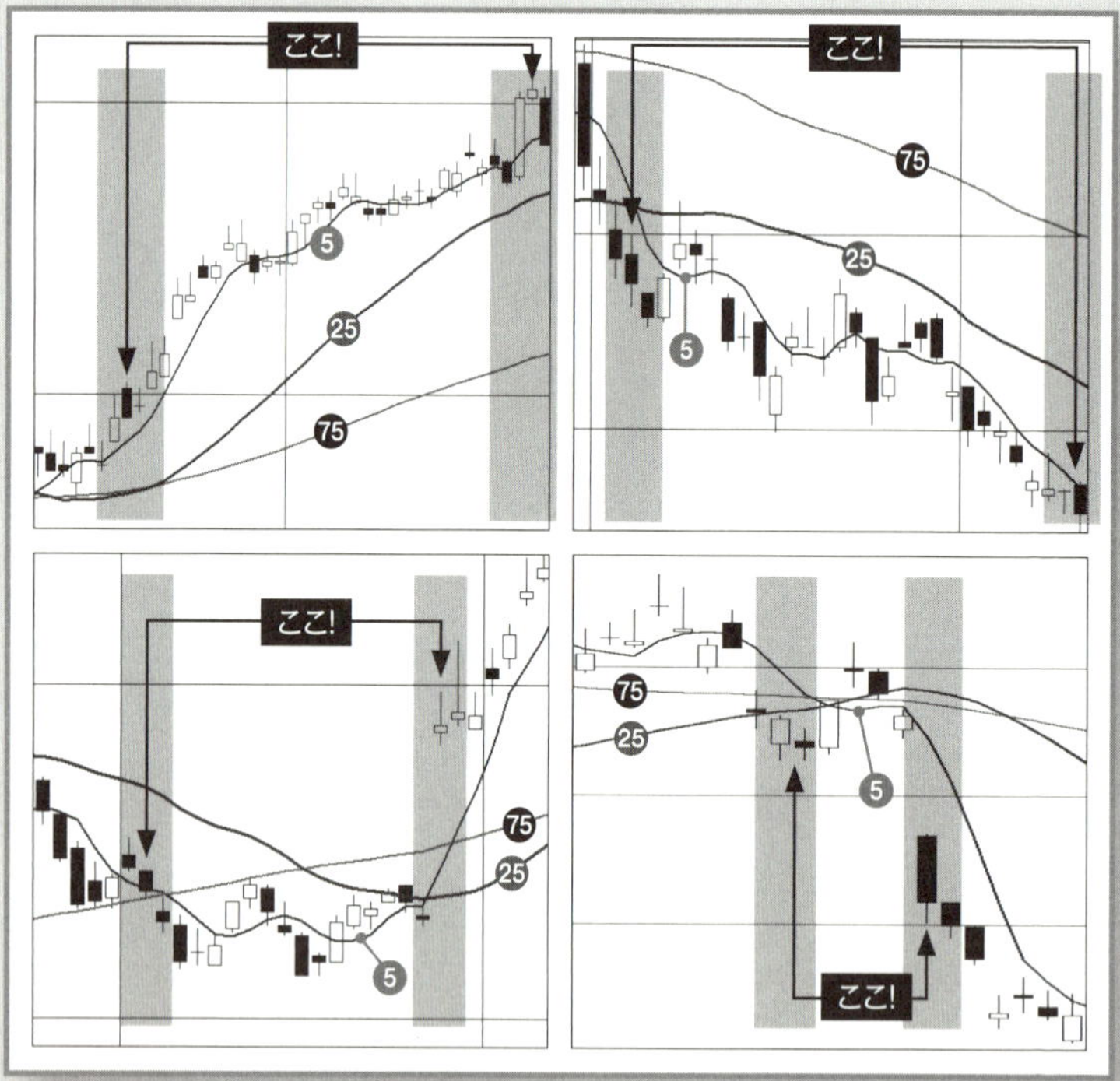

ポイント

ローソク足の動きはランダムですが、5日線の向きで値動きの方向性や勢いを判断できます。上向きなら上昇、下向きなら下落、横ばいなら5日線をまたいで上下動。25日線、75日線の並びも見てトレンド継続か、転換かを判断。

想像しよう

移動平均線ドリル② QUESTION

5日線と75日線の位置から見て25日線はどの位置にある?

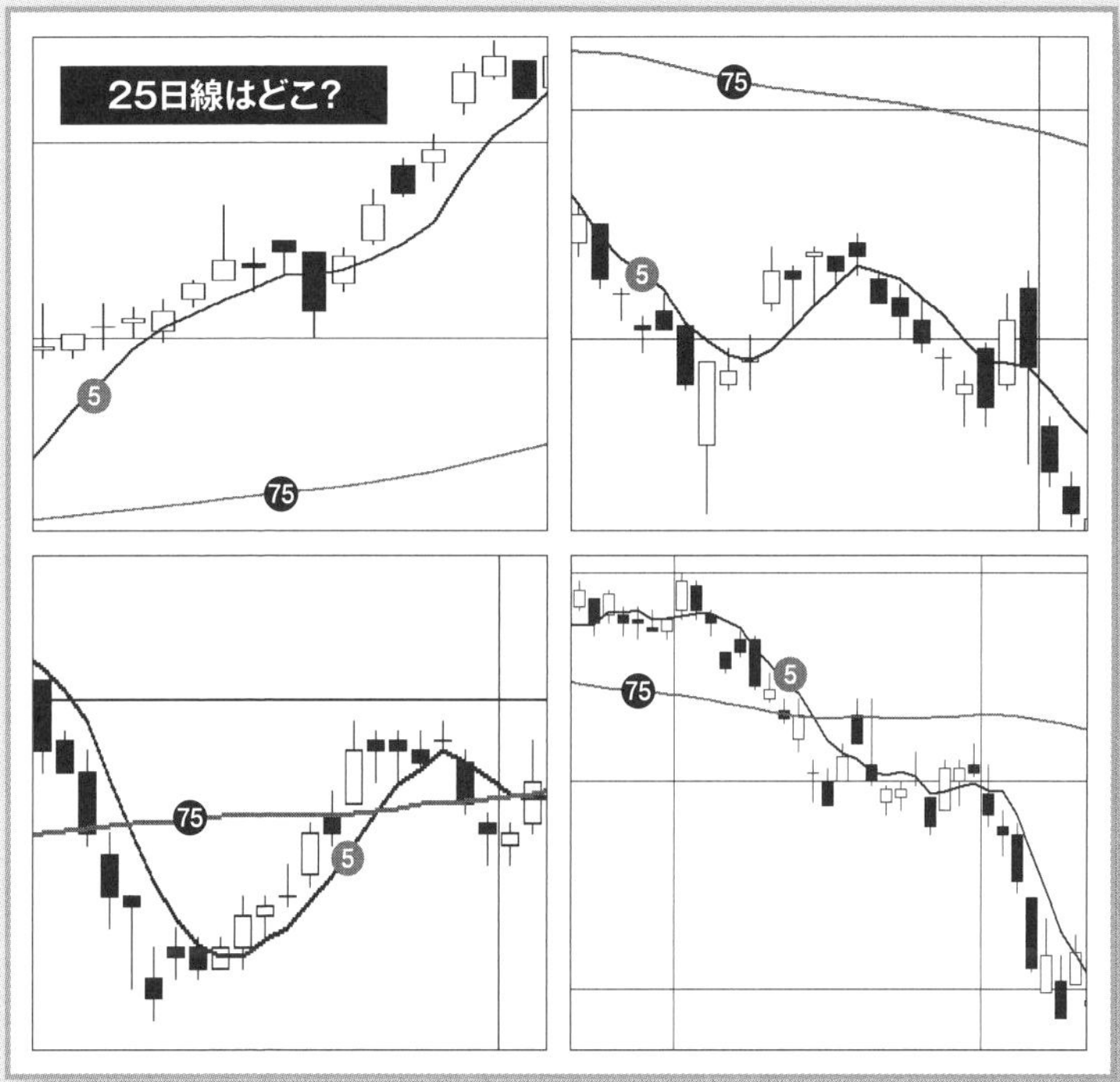

ヒント

強いトレンドでは5日線、25日線、75日線の順で並び、トレンドがはっきりしないときはもつれ合い、トレンド転換をするときはローソク足が5日線を追いかけるように動きます。

こう
だった

移動平均線ドリル② ANSWER

トレンド相場では5日線と75日線の間。それ以外では5日線を追いかける。

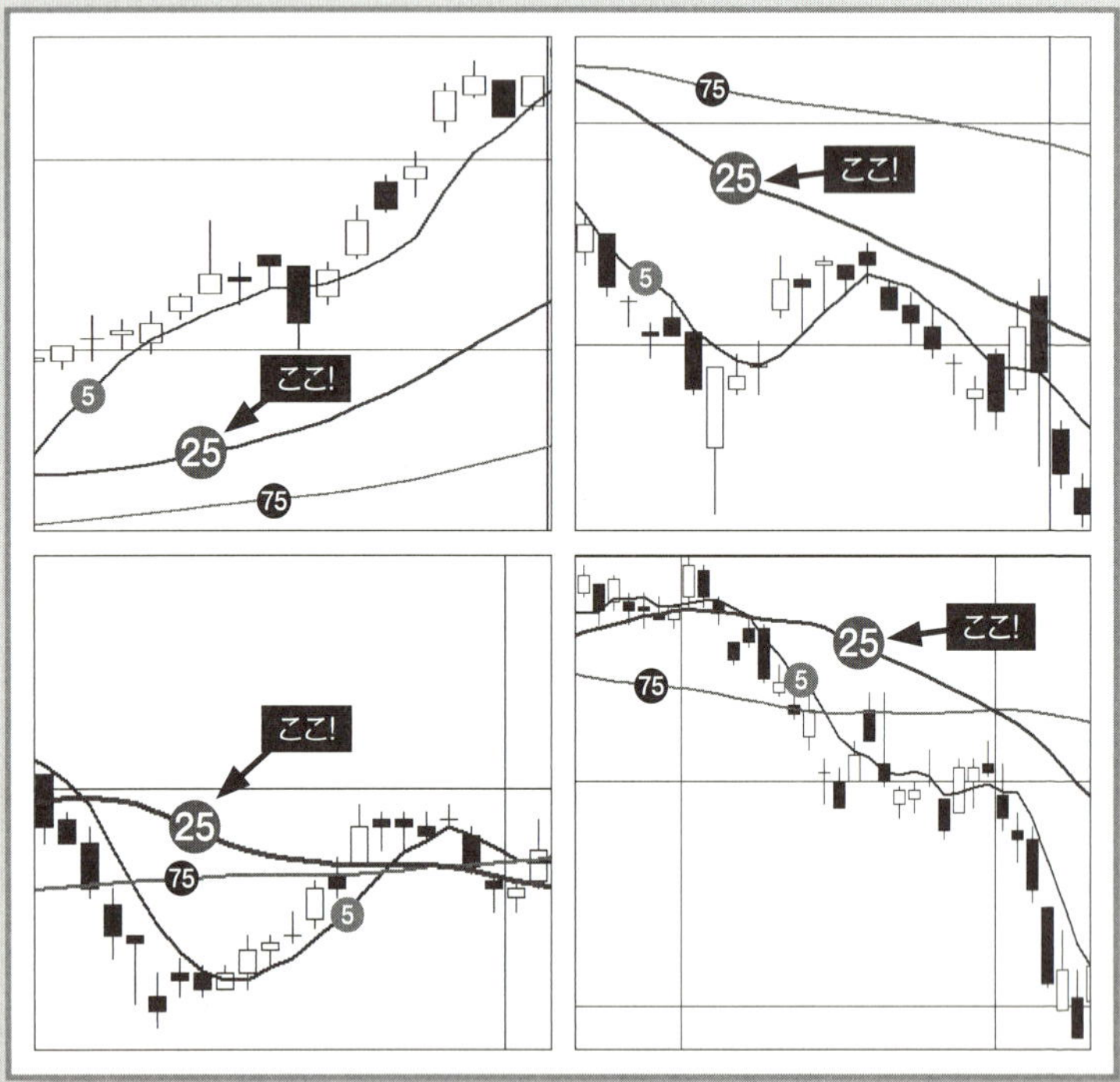

ポイント

上の2つのように、移動平均線が美しく5日線、25日線、75日線の順に並んでいるときはトレンド相場なので売買しやすく、左下のようにもつれると売買しにくくなります。売買判断をするうえでも移動平均線の並びは重要です。

出来高っていったい、なんだ？

持続性や再現性のある株式投資を行うためには、取引の対象になる銘柄も厳選しないといけません。前述しましたが、**大切なのは、ローソク足や移動平均線、株価の節目などを使って、株価がこれからどう動くのかを予測しやすい銘柄であること**。値動きに規則性がなく、急騰したかと思うと、いきなり暴落してしまうなど「どんな動きをするのか、まったくわからない株」をイチかバチかで売買するのは、投資というよりギャンブルです。

値動きが安定して株価がある程度予測しやすい状態になるためには、多くの人がその株を売買している必要があります。

その会社の株が「1日の取引時間中に、全部で何株取引されたか？」を示したものが「**出来高**《できだか》」です。

出来高の少ない株は、大金を動かす投資家たちが何人かで大量に買ったり売ったりするだけで、簡単に株価を動かせてしまいます。一握りの金持ちの懐事情や思惑だけで上下動する銘柄の株価を予測するのは困難です。

こういった株は、「株価の動きに再現性がない」ので僕はさわりません。

出来高が少なかったのに、株価が天井知らずで急騰中の株を見ると「あの株、買ってたら、儲かってたのになぁ……」とくやしい気持ちになるかもしれませんが、タラレバ投資ほど危ないものはありません。

出来高が少ない株は、買う人も売る人も少ないので、少数の投資家が大量の資金を投入して株を買うだけでストップ高を連発。どこまでも**株価を吊り上げる**ことができてしまいます。「買い」でエントリーしていれば、上がるのは大歓迎かもしれませんが、ストップ安に転じたらどうしますか？　怖いですね。

対して、**出来高が多い株は、たくさんの投資家が売買に参加**しているので、一部の投資家が強引に株価を吊り上げようとして買いを入れても、売り注文に押し返されて、意図的に株価を操作するようなことはできません。ある意味、株価が「**こなれている**」ので、値動きも安定していて、過去の動きから未来の方向性を予測しやすくなります。

鉄の掟《おきて》「決算発表日は株を持たない」

どんなに一流の大型株でも、決算発表で驚くほど悪い業績を発表したり、不祥事や事故などを起こすと株価が暴落します。不祥事は予測不可能なので対処できませんが、決算発表は事前に「○月○日に発表します」と**企業のホームページのIR欄**などに掲載されています。

「**決算発表日には株を持たない**」

これもけいくん式株式投資の絶対的ポリシーです。

70ページの**図2-7**はかつては石川島播磨重工業という名称だった重工メーカー、IHIの株価チャートです。同社は2019年8月7日に、営業利益が前年同期比を90%近く下回る2019年度第1四半期決算を発表して株価が暴落しました。

IHIの時価総額は約2000億円なので、けいくん式株式投資の取引対象銘柄ド真ん中とはいいづらいですが、そこそこ大きな株です。それでもサプライズ

図2-7 決算発表で株価暴落の具体例・IHI

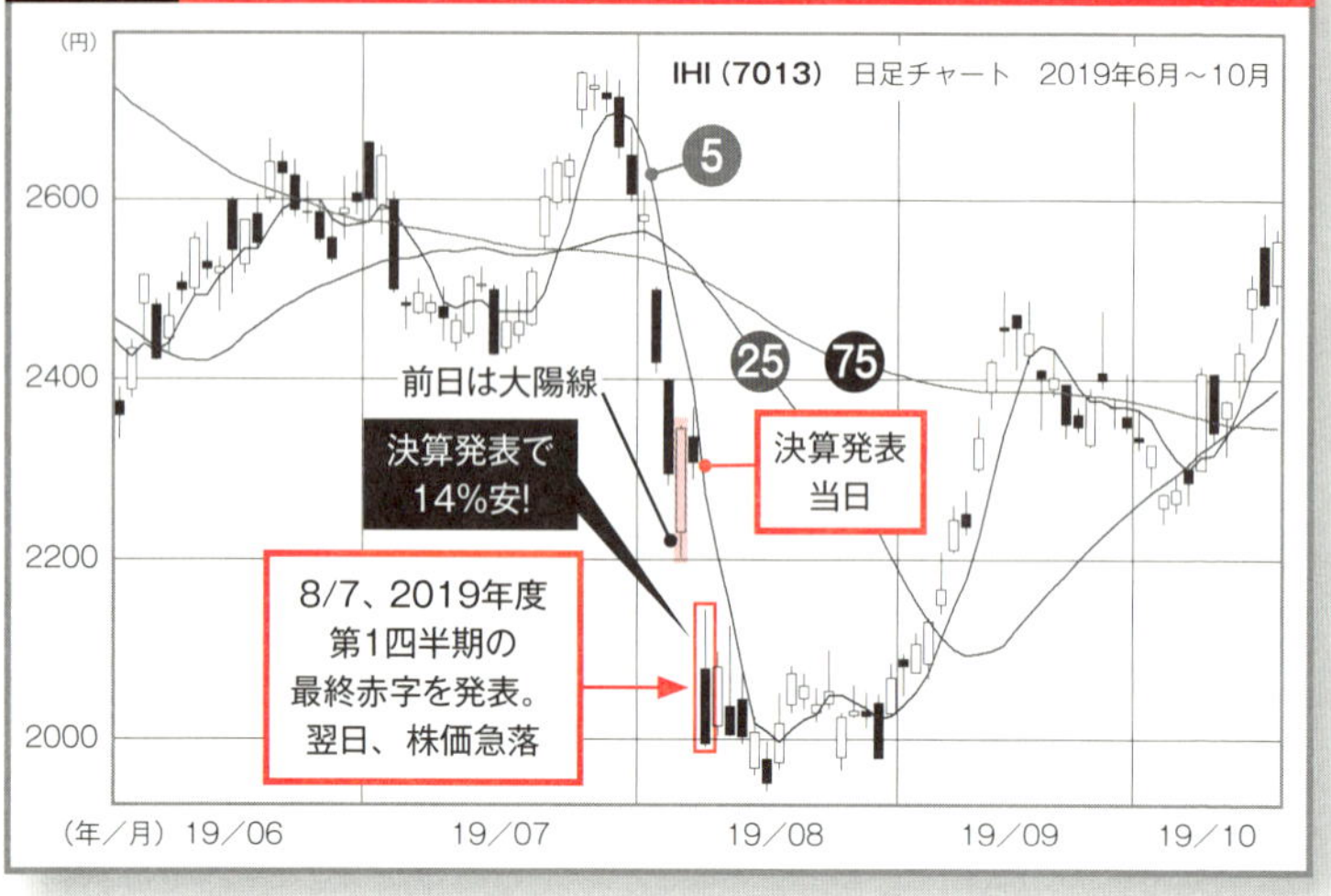
(円)
IHI (7013) 日足チャート 2019年6月～10月
2600
2400
2200
2000
5
25
75
前日は大陽線
決算発表で
14%安!
決算発表
当日
8/7、2019年度
第1四半期の
最終赤字を発表。
翌日、株価急落
(年/月) 19/06
19/07
19/08
19/09
19/10

な決算発表があると、たった1日で株価が14%近く暴落するわけです。

この株は当時、時価総額4000億円ほどだったので、14%下落といえば……たった**一夜にして500億円以上の価値が失われた**ことになります。

決算日の前日には大陽線も出ていて、ここから反転上昇か、といって買いを入れる投資家もいたはずでしょうが（僕なら決算発表前日なんて絶対に買いませんが……）、その結果は悲惨なものになりました。

もちろん、決算発表が悪い数字になっているとわかっていれば、IHIの株を事前にカラ売りして儲けることもできたでしょうが、そんな人はいません。事前に関係者から聞いていたのに、その情報を元に株を売買したらインサイダー取引という犯罪で捕まってしまいます。

とにかく**「予測不能なこと」は徹底的に排除して、自分が予測できるかもしれない場面のみで勝負**しましょう。

日本企業の中で最も多い3月期決算の場合、**本決算の発表は4月のゴールデンウィーク前に始まり、5月中旬にピーク**を迎えます。**第1四半期の発表は8月上旬、中間決算は10月末から11月中旬、第3四半期決算の発表は2月上旬**に発表されます。

自分がチェックしている会社の決算発表日は必ずチェックして、もし保有中ならその前日までにはいったん決済することを心がけましょう。少し損失が出ていたとしても手じまいしておくほうが安全です。

「ネガティブサプライズ」という怖〜い外敵から身を守る防衛術——それが「決算発表日には株を持たない」というポリシーなのです。

信用取引も口座だけは開いておこう

株というのは上がるときもあれば下がるときもあります。でも、株式投資というと通常は「買い」から入るしかありません。**株価が上昇しない限り、一銭も儲からない**わけです。ＦＸ口座や先物取引口座だと、買いも売りも自由自在にできるのですが、その話はまた別の機会に。

株価が下がっても儲けられるようになるため、通常の現物株口座とは別に**信用取引口座**を開設しておきましょう。すぐに使わなくてもかまいません。

信用取引なら、**株を他人から借りてきていったん市場で売り、その後、市場から買い戻すことで取引を決済できる「カラ売り」**が可能になります。

カラ売りしたときの株価よりも買い戻すときの株価が下がっていれば、その値幅が利益になります。

では、どうして持ってもいない株を売ることができるのか？　その答えは「世の中にはどうしてもその株を長期保有していないといけない会社や機関投資家、金融機関があるから」です。彼らが保有している株を、貸してくれているのです。タダで貸してくれているわけではないので、「**金利**」や「**貸株料**」という手数料を投資家は支払うことになります。

信用取引には証券取引所が行う「**制度信用**」と、個別の証券会社が独自に行っている「**一般信用**」があります。

制度信用の場合、「貸借銘柄」として実際に**株をカラ売りできるのは上場企業約3700社中、2000社程度**です。一般信用取引の対象銘柄は各証券会社次第のラインアップですが、貸借銘柄よりも少し多くの株を取り扱っています。

株の信用取引では、「信用買い」の場合、ネット証券だと年利2・8％前後の買方金利、**カラ売りの場合は1・1〜1・15％の貸株料**がかかります。さらに制度信用の貸借銘柄の場合、多くの人がカラ売りしたために株が枯渇した銘柄に対して、「**逆日歩**《ぎゃくひぶ》」という名前の追加コストが発生する場合もあります。

また、制度信用の取引は、最初に売り買いしてから**6カ月以内に決済しないといけないという返済期日**があります。

一般信用取引の場合、逆日歩も返済期限もありません。以前は制度信用に比べて取扱銘柄数が少なく、金利や貸株料も高かったのですが、最近は取扱銘柄数が増え、売買にかかるコストも制度信用取引なみに安くなりました。信用取引なら売買手数料を無料にしているネット証券もあります。

信用取引のもう1つの利点は、口座に入金した**自己資金を「証拠金」にして**、その**約3・3倍までの金額を投資できる**こと。**「レバレッジ(てこの原理)」**をかけて、自己資金以上の取引ができるので、効率よく資産を増やせます。

もちろん、自己資金以上の取引をして失敗すれば、大切な資金を失って借金が増えるリスクもあるので、**レバレッジ効果はもろ刃の剣**といえるでしょう。

初心者の方は、単純にカラ売りを利用するためだけに信用取引を利用して、最初はレバレッジはかけずに元手の範囲内で取引することをおすすめします。

慣れてきたら「信用買い」で少しレバレッジをかけて信用取引の感覚を磨きましょう。それも利益が出せるようになったら、レバレッジをかけたカラ売りに挑戦してください(ただし無理は禁物です)。

第3章

ドリルで覚える
1億円の目印

「株価」を利用して稼ぎまくるためのドリル

株価の値動き予測に必要な5つの目印

日本の教育制度って、基本的には優秀な被雇用者、つまり会社員を育てるために作られたように思います。間違っても、優秀な株式投資家を養成するために教育制度があるわけではありません。

それにもかかわらず、多くの人は「学歴がいい人のほうが運用能力も高い」「知能指数が高いほうが株で勝ちやすい」などと勘違いしています。

「年収が高い人ほど投資がうまい」なんて、そんなわけがありません。

株式投資で資産を増やす能力は、学校で優秀な成績をとったり、会社で出世する能力とはまったく別物だと考えてください。株式投資で成功するには、株を安く買って高く売るか、高いところで売って安いところで買い戻すかのいずれかしかありません。**「上がるか、下がるか?」を予想して、上がると思ったら買い、下がると思ったら売る**。その予想が当たっていれば儲かり、はずれたら損する、というのが株式投資のシンプルな仕組みです。

図3-1 株価の予想がしづらい場面とは?

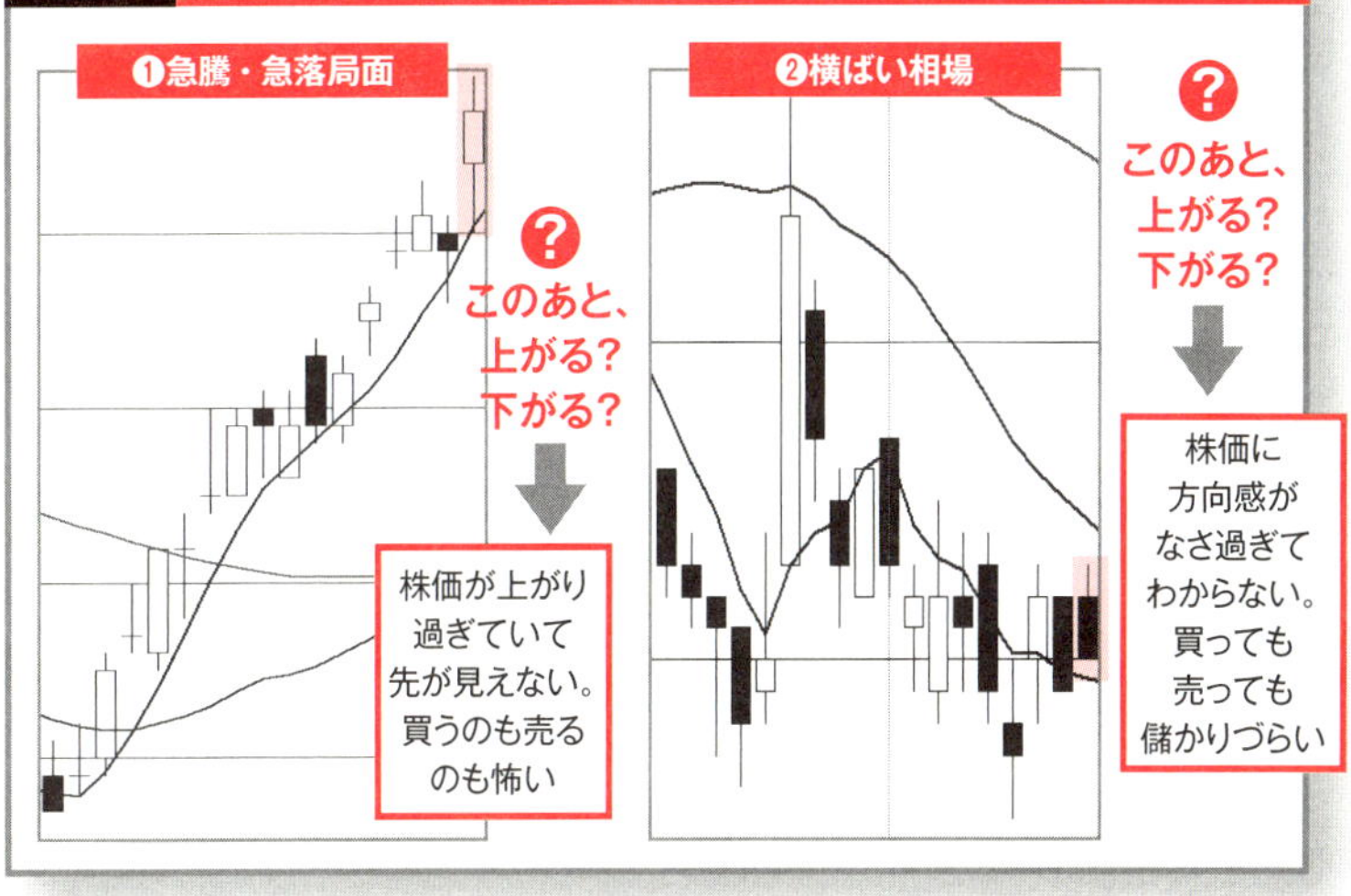

❶急騰・急落局面
?
このあと、
上がる?
下がる?
株価が上がり
過ぎていて
先が見えない。
買うのも売る
のも怖い
❷横ばい相場
?
このあと、
上がる?
下がる?
株価に
方向感が
なさ過ぎて
わからない。
買っても
売っても
儲かりづらい

そう考えると株式投資の成功は、果てしない**「選択」の繰り返し**になります。

「**株価が上がりそうだから買う**」

「**株価が下がりそうだから売る**」

さらにもう1つ、「**株価が上がるか下がるかわからないから、取引しない**」という重要な判断(けいくん式ではここが最重要)もあります。

たとえば、**図3-1**は川崎重工業の日足チャートからある局面を切り取ったもの。チャート①と②のあと、上がると思いますか? 下がると思いますか?

答えは、上がるか下がるか判断しづらいので**①も②も様子見**です。

チャート①は急騰中の株価を切り取ったものですが、すでにかなり上昇が続いていて、最後の陽線からさらに上がるかどうか、まったく判断できません。しかし、カラ売りに走るのも時期尚早です。

チャート②は株価が安値圏で株価がもみ合っている状態。直近の安値を割り込んでさらに下落するか、横ばいから反転上昇に転じるか……まだどちらに向かうかの明確なシグナルが出ていません。

実際にその後の値動きがどうなったかというと、チャート①は、あと2日上昇が続いたあと、**6日間、横ばいで推移して、そこからドカンと急落**。チャート②は、同じ価格帯で**4日間横ばいになったあと、急上昇**に転じました。

チャート①や②を見た段階でそこまで見通せる人は、未来から来たわけでもない限り、いないはずです。チャートの中の一場面をいきなり見せられて、「買いですか？　売りですか？」と解答を迫られても、「えっ、そんなのわかりません。買いか売りか、迷います」としか答えられないのが普通です。

とはいえ、株価の過去の値動きと現状を見ながら、買いか売りかを選んで「当たり！」を引き続けない限り、億り人にはなれません。

だからこそ、「なにをしていいか、まったくわからない日」の中から「今日は買いで勝負したほうがいい日」「売りで勝負したほうがいい日」を少しでも増やすために、〝目印〟を発見する必要があるのです。この章では、株がこれから「上がるのか」「下がるのか」を予想するために絶対チェックしないといけない株価の目印が、自然と意識できるようになるためのドリルを解いてもらいます。

高値と安値は株価の「関所」

判断の手がかりになるのは、次の5つの目印です。

①高値と安値
②節目
③移動平均線
④新値更新5日
⑤周期

まずは「高値と安値」について解説しましょう。どんな銘柄のチャートを見ても
だいたい同じなのですが、株価というのは上がったり下がったりして、チャート
上に山や谷を作りながら値動きするものです。チャート上の「**山＝高値**」、「**谷＝安**
値」になります。

高値にしても安値にしても、それは偶然生まれたものではなく、**投資家たちが**
実際に投資したことで作られたものです。

高値は「まだまだ上がるぞ」と思って**買った人の予想が見事にはずれ**、「そろそろ
下がるぞ」と思った人が**まんまと一番高い価格で株を売った地点**です。

買い手にとっては「あとから見たら……こんな高い値段で買ってしまったんだ
な～、オレってバカ」とチャートを振り返るごとに、恥ずかしく感じるポイント
かもしれませんね（笑）。

安値というのはその逆です。「まだまだ下がるぞ」と**思って売った人の思惑が見**
事に裏切られ、逆に「ここから上がるぞ、買いだ、買いだ！」と**勇気を出した買い**
手が勝利した地点という見方もできます。

高値は売り手が勝利したポイントになりますから、その後も株価の上昇を抑える**抵抗帯（レジスタンスライン）として機能**します。

株価が前の高値まで上昇すると、前回同様、「このあたりで売れば儲かるはず」と考えた売り手がぞくぞく登場して株を売るため、買い手の勢いがよっぽど強くないと、その売りに負けて株価が下がってしまうからです。

しかし、その**高値を突破するほど買い手の勢いが強いと、形勢は逆転**。高値近辺でカラ売りした人による損切りの買い決済なども重なって、買いの勢いに弾みがつき、株価が勢いよく上昇し始めることになります。

一方、過去の安値近辺では「このあたりまで下がれば、また上がる」という買い注文が出てくるため、**株価の下落を阻む支持帯（サポートライン）として機能**することが多いです。

でも、その**安値を突破するほど売りの勢いが強い**と、買い手による損切りの売り決済も巻き込んで株価の下落に拍車がかかることがよくあります。法則化すると次の通りです。

●前の高値は株価の上昇を阻む抵抗帯。しかし、その高値を突破したら上昇に弾みがつきやすい

●前の安値は株価の下落を食い止める支持帯。しかし、その安値を突破したら下落が加速しやすい

これらの法則が株価の値動きを予測するための大きな材料になります。

具体的な売買ルールに落とし込むと、

「**前の高値を突破できずに下落したら売り**」「**前の高値を突破したら買い**」

「**前の安値で反発して上昇したら買い**」「**前の安値を割り込んで下落したら売り**」

という4つになります。

初心者におすすめしたいのは、安い値段で買う分、リスクが少ない「**前の安値で反発上昇したら買い**」と、高い値段でカラ売りする分、リスクが少ない「**前の高値を突破できずに下落したら売り**」です。

「高値突破で買い」「安値割れで売り」は、成功すると一方通行的な動きになって大きな利益になることもありますが、値動きが急で、しかも予想外の動きが多発

図3-2 上昇・下降・横ばいトレンドと高値・安値

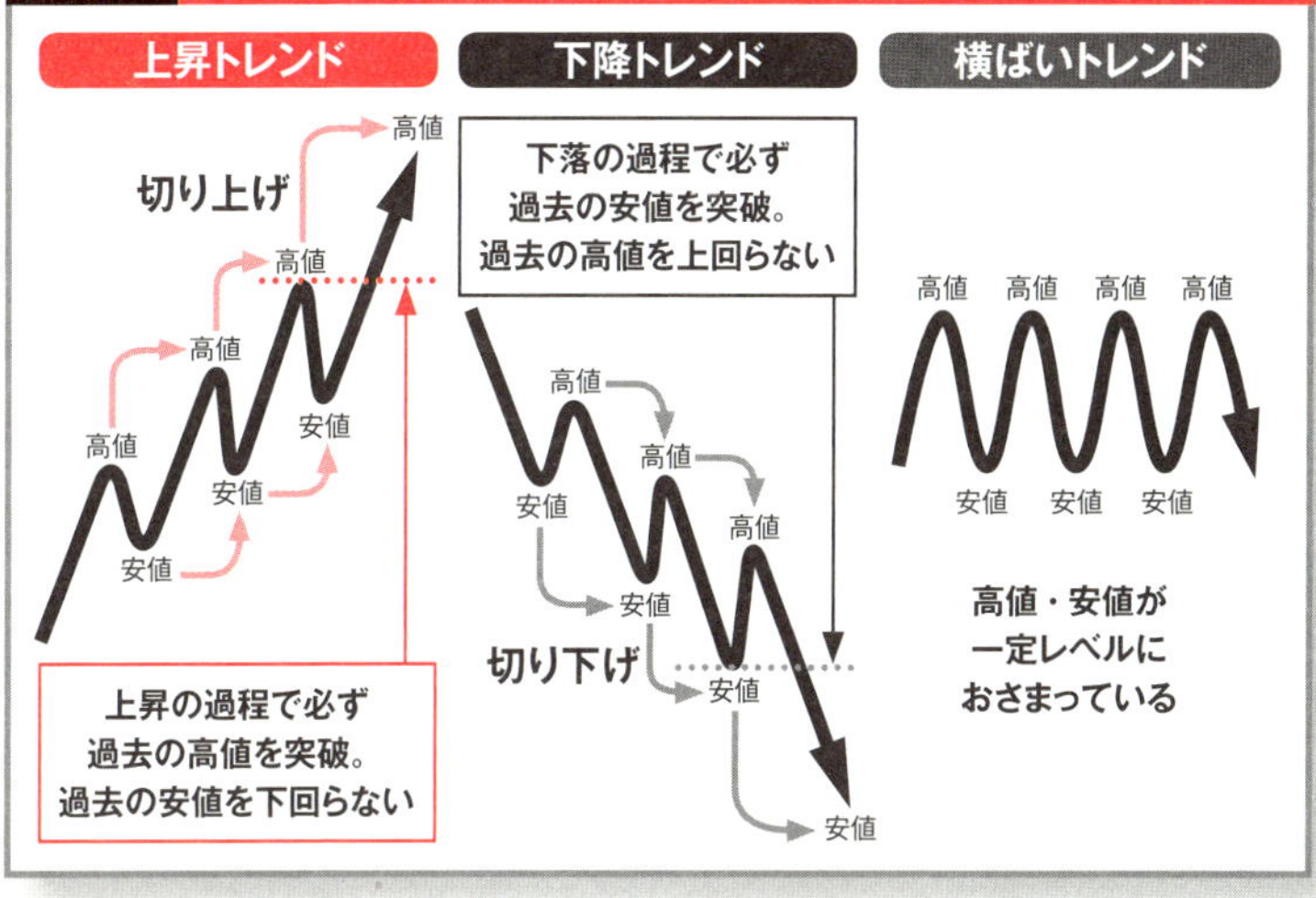
上昇トレンド
下降トレンド
横ばいトレンド
切り上げ
高値
高値
高値
高値
安値
安値
安値
上昇の過程で必ず
過去の高値を突破。
過去の安値を下回らない
下落の過程で必ず
過去の安値を突破。
過去の高値を上回らない
高値
高値
高値
安値
安値
安値
安値
切り下げ
高値 高値 高値 高値
安値 安値 安値
高値・安値が
一定レベルに
おさまっている

するため、思わぬ「高値づかみ」「安値売り」になるリスクが増えます。はずれたときのダメージが大きいので中上級者向きの売買手法といえます。

そもそも**上昇トレンドが成立するためには、株価がじわじわと切り上がっていく必要**があります。前の高値を突破して上昇を続け、前の安値を下回らない上昇が続いているからこそ、「これは明らかな上昇トレンド」と判断できるわけです。

逆に下降トレンドが成立するのは、安値がどんどん切り下がっていく状態になります（**図3-2**）。

上昇トレンドが続いたあと、**前の高値**

を更新できず、前の安値を割り込むような下落が始まれば、下降トレンドへの転換を疑う必要が出てきます。

下降トレンドが続いたあと、**前の安値を更新できず、前の高値を突破した場合は上昇トレンドへの転換**を視野に入れましょう。

前の高値・安値に注目することは、「株価のトレンド」を見極めるうえでも、極めて重要な役割を果たしています。

さらに、過去につけた高値や安値は不思議と何度も同じ価格帯で重なることが多いので、**複数の高値・安値が重なった地点**は強力な抵抗帯・支持帯として機能します。多くの投資家が注目している、株価の「**関所**」のようなものです。

家から外出するときに「鍵はどこ?」と探すように、株価のチャートを見たら、「今の値動きに影響を与えそうな前の高値・安値はどこ?」と無意識にチェックできるぐらいになりましょう。

と口でいってもなかなか頭に入りません。次ページのドリルで高値・安値を意識する練習をしましょう!

探してみよう

高値・安値ドリル① QUESTION

現在の値動きにとって重要な高値ライン・安値ラインはどこ?

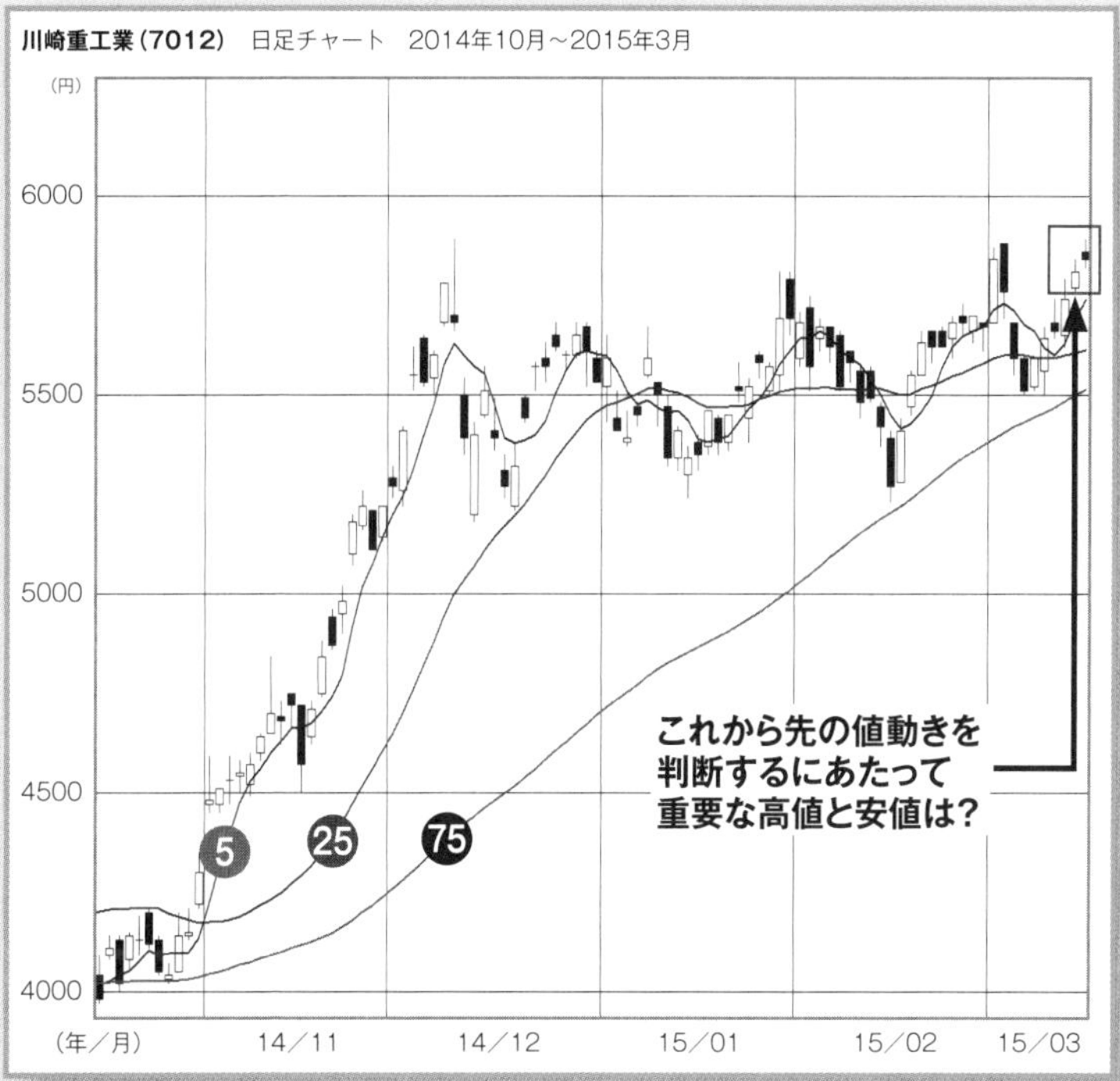
川崎重工業(7012) 日足チャート 2014年10月～2015年3月
(円)
6000
5500
5000
4500
4000
(年/月)
14/11
14/12
15/01
15/02
15/03
5
25
75
これから先の値動きを
判断するにあたって
重要な高値と安値は?

ヒント 上昇から横ばいに転じた値動きです。チャートの中に高値や安値が重なっているラインがありますね!

ここにあった

高値・安値ドリル① ANSWER

これから突破しようとしている高値&横ばい相場の上限・下限にも注目！

川崎重工業（7012） 日足チャート 2014年10月～2015年3月

（円）
6000
5500
5000
4500
4000
直近
高値
高値
高値
安値
直近安値
5
25
75
（年／月）
14／11
14／12
15／01
15／02
15／03

ポイント

横ばい相場ではレンジ（値幅）の上限・下限を決める複数の高値・安値に注目しましょう。一番の焦点は株価が直近の高値ラインを越えられるか、押し戻されるかです。

予想しよう

高値・安値ドリル② QUESTION

2カ月も上昇が続いている株価ですが、このあとさらに上がる、下がる？

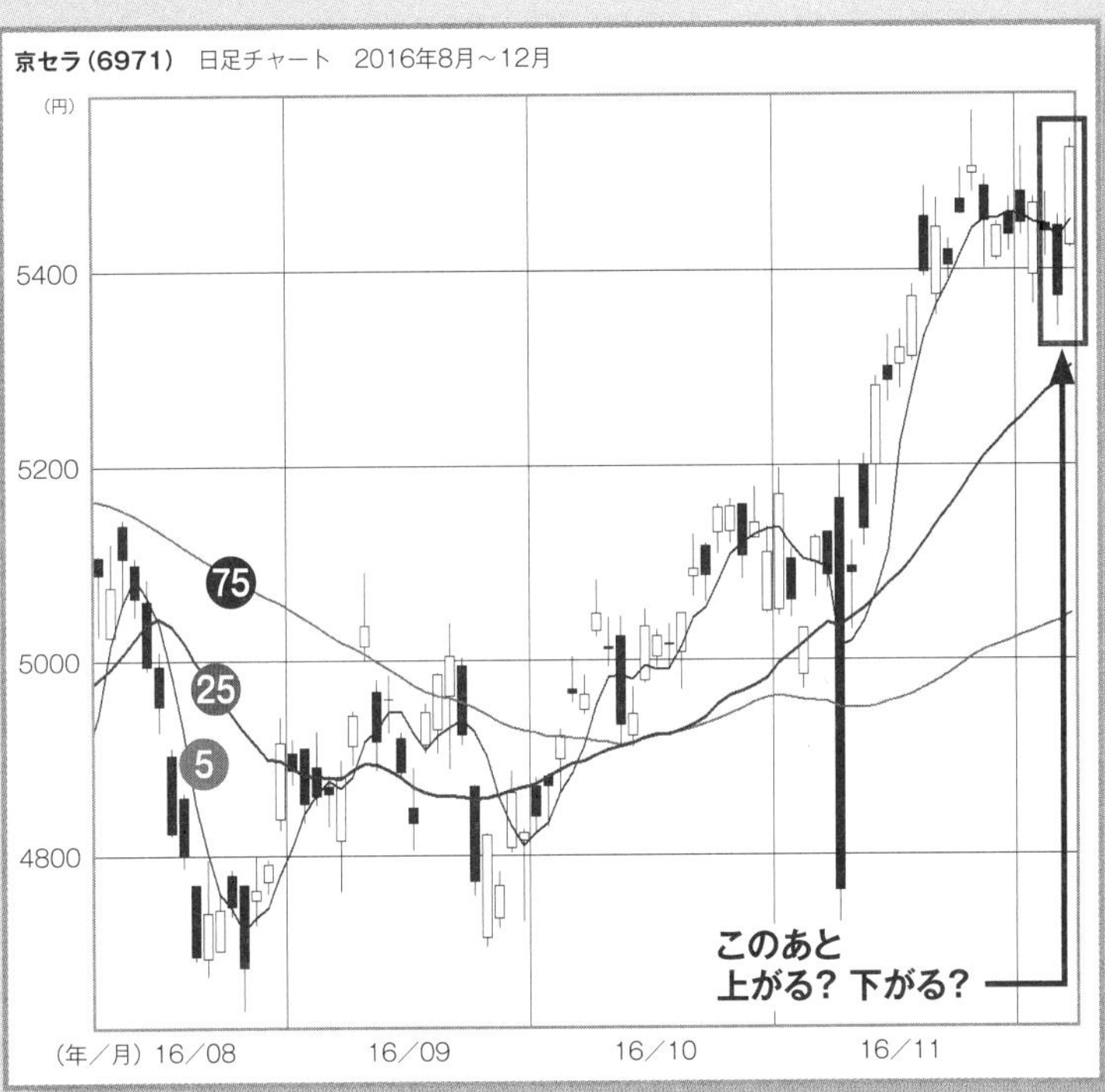
京セラ(6971) 日足チャート 2016年8月～12月
(円)
5400
5200
5000
4800
75
25
5
このあと
上がる？ 下がる？
(年／月) 16／08
16／09
16／10
16／11

ヒント

下落後に横ばいから上昇に転じたチャートですが、直近の横ばいを突破する大陽線が出ました。上昇の勢いは、かなり強そうですが……。

こうなった A

高値・安値ドリル② ANSWER

直近高値を突破して上昇、が正解。抵抗帯を越えると加速しやすい。

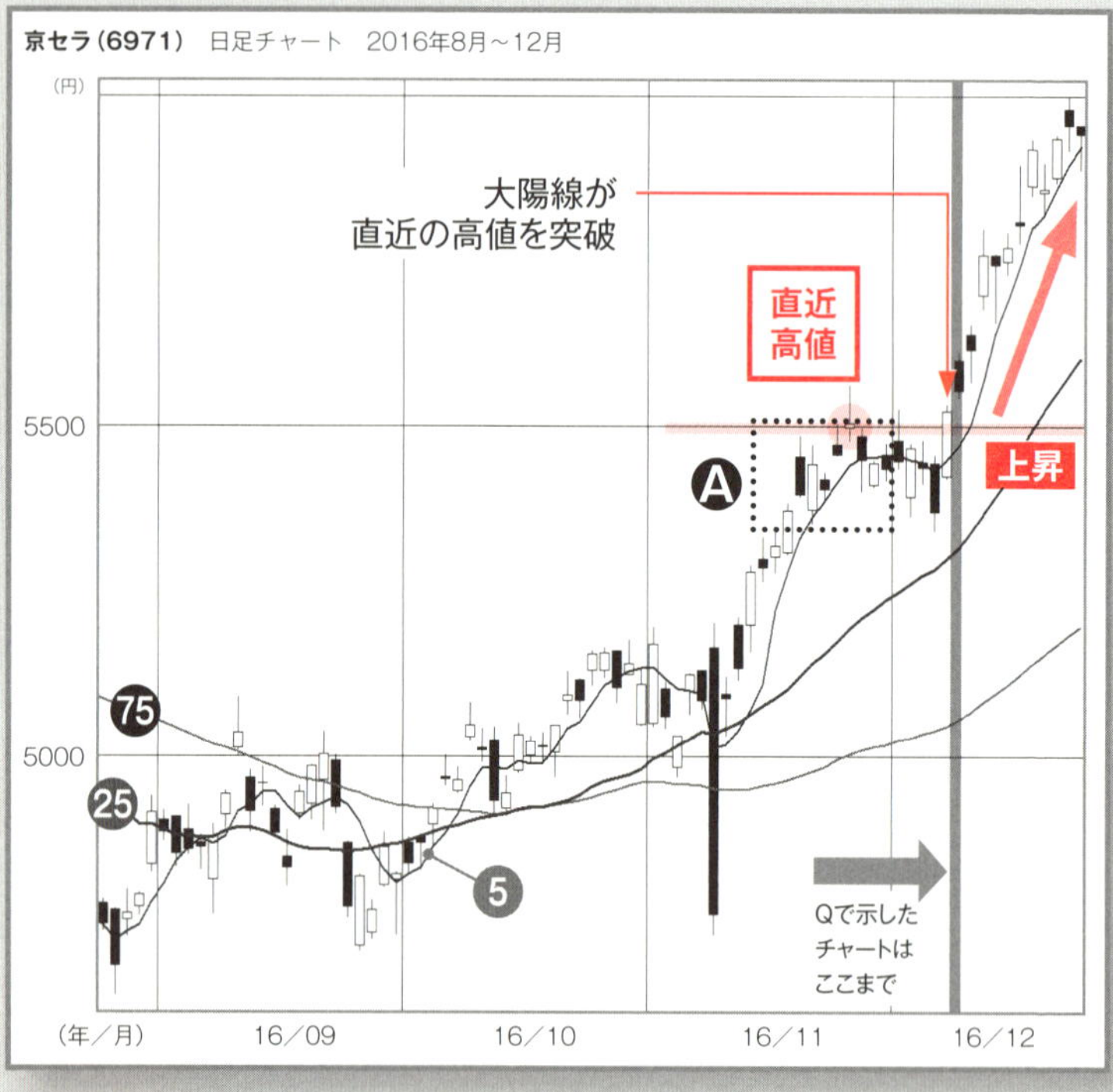

京セラ(6971) 日足チャート 2016年8月～12月
(円)
5500
5000
大陽線が
直近の高値を突破
直近
高値
A
上昇
75
25
5
Qで示した
チャートは
ここまで
(年/月)
16/09
16/10
16/11
16/12

ポイント

底値から上昇後、Aのゾーンでもみ合っていましたが、大陽線で直近高値を越えたあとに上昇が加速。上昇が始まった初動段階だと、こうした高値ブレイクが起こりやすくなります。

「キリのいい株価」が節目になる

お店やネットで売られている商品の価格は、原価や販売管理費などを積み上げたうえで、この値段ならお客さんも買ってくれるし、売る側としても利益が上がる、という綿密な計算で決められているものです。

それに対して株価というのは会社の値段なわけですが、会社の適正価格はいくらか、なんて誰も正確に計算できません。勝手に法則を決めて算出された「適正株価」などを投資情報誌や経済誌が掲載しているのを見かけますが、単にデータを操って算出した結果ですので、そこに載っている適正株価すべてが正解のわけはありません。

会社が決算発表のときに公開する「**貸借対照表**」には、その会社にどれだけ資産や負債があって、資産から負債を差し引いた「**純資産**」が会社の持つ金銭的な価値として計上されています。

その純資産に対して株価が何倍まで買われているかを示す指標に「**PBR（株**

価純資産倍率）」というものもあります（僕は参考にしていませんが……）。

ＰＢＲが1倍を割り込んで、会社が持つ純資産より株価が安くなっている株もあれば、ＰＢＲが何倍にもなるほど、人気や成長期待が高い会社もあります。

いったい、なにを基準に株価が決まっているんでしょうか。僕にいわせれば、その**会社の株を売買する投資家の気分**としか表現できません。

「しょせん、株価というのは実体のない数である」といいたいぐらいです。

心理的な節目で株価は止まる

日常生活において、財布の中に1円玉が何枚入っているかはまったく勘定していないけど、１０００円札が何枚あって、それより大切な1万円札が何枚あるかには、多くの人がそれなりの注意を払っているはず。

株価も同じです。１００円や２００円、１０００円や２０００円、日経平均株価のように万単位の場合は1万円、2万円という**「キリのいい株価」に対して過敏に反応することが多い**のです。

図3-3 キリのいい株価が値動きを支配する具体例

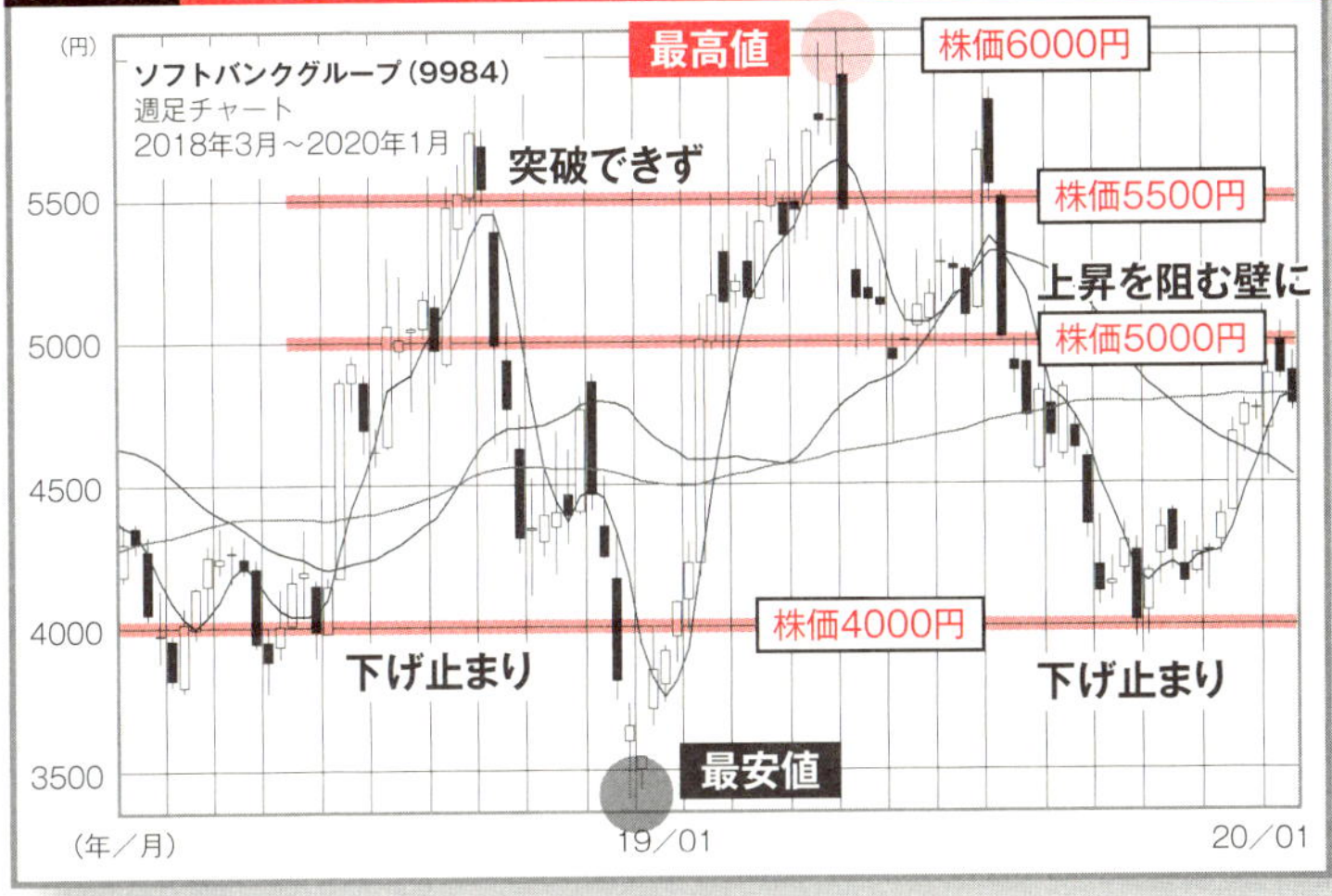

ソフトバンクグループ（9984）
週足チャート
2018年3月～2020年1月
（円）
5500
5000
4500
4000
3500
（年／月）
19／01
20／01
最高値
株価6000円
突破できず
株価5500円
上昇を阻む壁に
株価5000円
株価4000円
下げ止まり
下げ止まり
最安値

投資家の心理により株価は上なり下なり、方向性を持って動いていきますが、**キリのいい株価を心理的な節目と感じて、不思議と上げ渋ったり下げ止まったりする**もの。先ほどの高値・安値と同様に、キリのいい株価は**値動きに対して抵抗帯、支持帯**としても働きます。

たとえば**図3-3**は値動きが活発なことで有名なソフトバンクグループの週足チャートですが、激しく上下動を繰り返しているものの、チャート上の最高値は6000円の節目でぴったり跳ね返されていますし、逆に最安値は3500円というキリのいい株価でお約束のように下げ止まっています。

ほかにもチャート内の随所で、1000円刻みや500円刻みのキリのいい価格が、値動きの反転ポイントになっていることがわかります。

もちろん、実際に投資家が売買して作った高値・安値と違って、キリのいい株価というのはあくまで**投資家心理によって陰ながら抵抗帯・支持帯として働く**もの。「1000円でぴったり下げ止まるだろうから買い」とか、「500円で跳ね返されるだろうから売り」といったように、**キリのいい株価だけを単独の売買根拠にして取引するのはやめましょう**。

あくまで、ほかにも〝目印〟があって、**しかも、その価格帯がキリのいい株価だったら買い／売りといった脇役的なルールとして使うべき**です。

ただし、ほかの目印とキリのいい株価が重なったときは値動きに対して非常に強い影響を与えやすいので、**無意識のうちにキリのいい株価に気づくことができるクセ**をつけてください。

さて、次ページからは「キリのいい株価」に関するドリルです！

考えよう

キリのいい株価ドリル① QUESTION

下落が続く株価ですが、このあと下げ止まりました。なぜ？

ヒント

どんな急落もいつかは終わって、反転上昇に転じるもの。小さい文字で見づらいかもしれませんが、タテ軸の株価に注目してください。

これが理由

キリのいい株価ドリル① ANSWER

ぴったり6000円に到達したから。キリのいい株価は常に意識しよう。

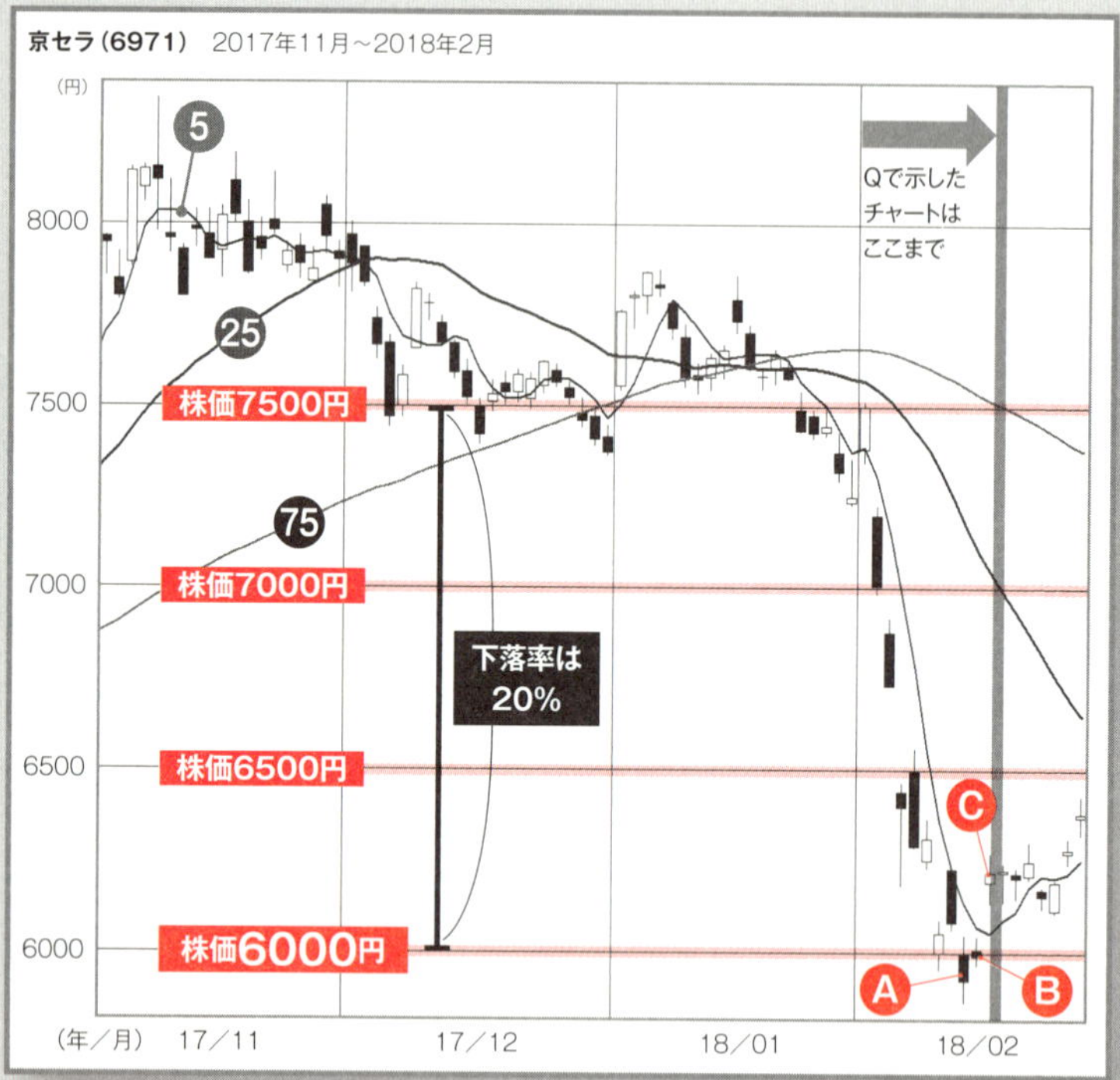

京セラ（6971） 2017年11月～2018年2月
（円）
8000
7500
7000
6500
6000
5
25
75
株価7500円
株価7000円
株価6500円
株価6000円
下落率は20%
Qで示したチャートはここまで
A
B
C
（年／月） 17／11 17／12 18／01 18／02

ポイント

Ⓐの陰線が6000円を割り込んだものの、Ⓑの陰線、そしてⒸの陽線が出たところで下げ止まり→反転上昇を意識すべきです。下落中の陰線の数や下落の幅なども見て、総合的に判断してください。

探してみよう

キリのいい株価ドリル② QUESTION

値動きに影響を与えている キリのいい株価を3つ答えて！

日経平均株価　週足チャート　2018年7月～2020年1月

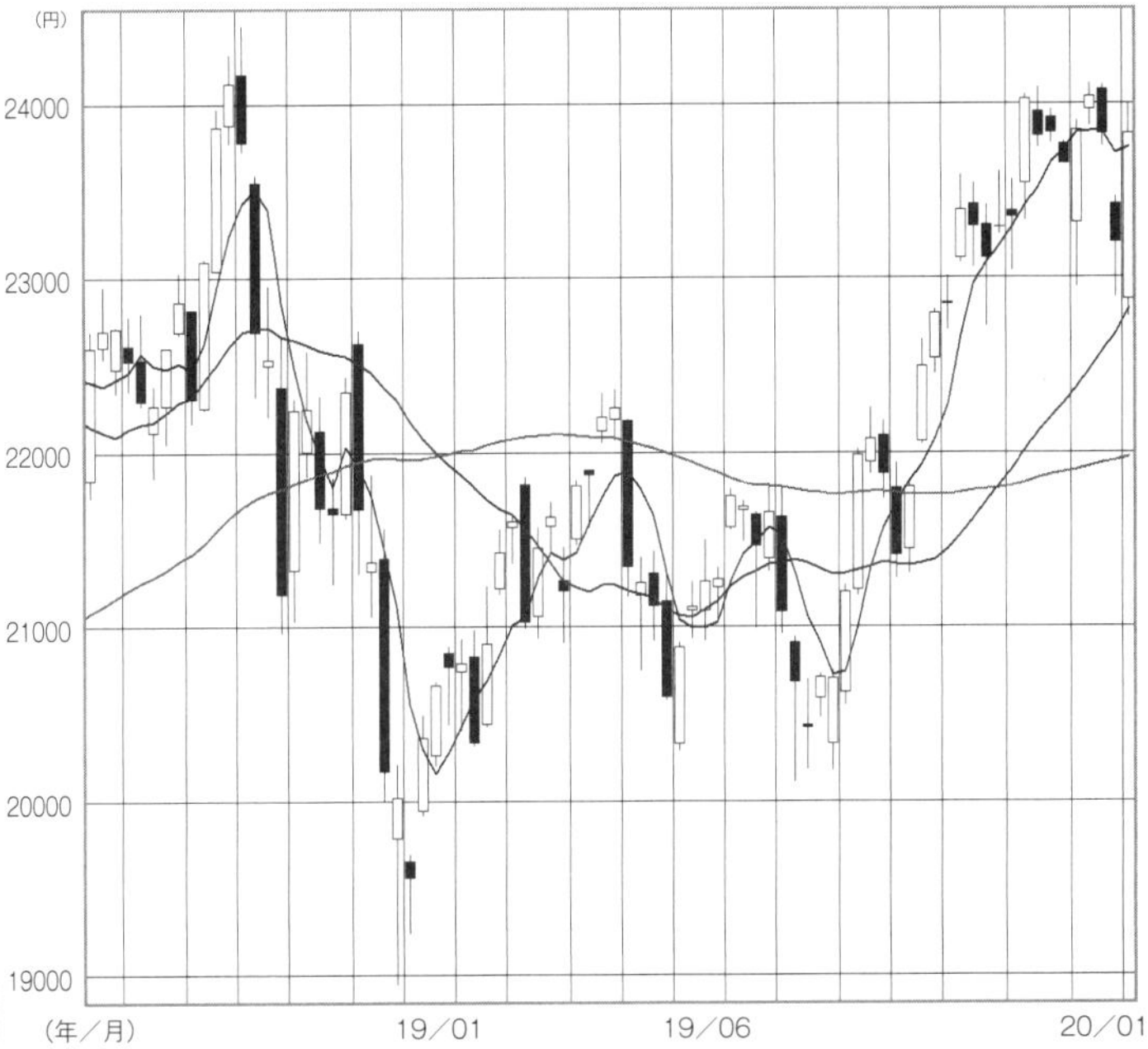

ヒント

過去の高値や安値とキリのいい株価が重なっていると、強い抵抗帯・支持帯になります。高値と安値のほか、株価が何度も反転しているラインにも注目して3つ探しましょう。

ここにあった

キリのいい株価ドリル② ANSWER

高値の壁の24000円、安値とキリのいい数字が重なる20000円が最重要。

日経平均株価　週足チャート　2018年7月～2020年1月
(円)
24000
23000
22000
21000
20000
19000
抵抗帯
株価24000円
途中の22000円も
支持帯になりそう
株価22000円
株価20000円
支持帯
(年/月)
19/01
19/06
20/01

ポイント

過去の高値や安値ラインは不思議とキリのいい株価になることが多いものです。価格のラインとキリのいい数字が重なると、より強い抵抗帯・支持帯になります。常に両方をセットで意識できるようになりましょう。

「もみもみゾーン」を意識する

「もみもみゾーン」というのは株価が長らく横ばいで推移していた価格帯のこと（僕がそう呼んでいるだけです）。同じ横ばいトレンドでもかなり狭い値幅での横ばいのことを指します。うにょうにょと、株価が上にも下にもいかず蛇のようになっているゾーンをイメージしています。

投資家にしても実のところ、その会社の正しい株価がいくらなのかわからないから、「あーでもない、こーでもない」とつぶやきつつ、市場での売買が行われているわけです。

本当の値段がいくらかわかりづらいものを取引していると、**人は過去につけた高値や安値をその後の値決めの拠りどころ**にしようとします。だからこそ、過去の高値は抵抗帯になり、安値は支持帯になりがちです。

抵抗帯の高値を抜けると投資家心理が一気にイケイケになって上昇に弾みがつきます。重要な安値を割り込むと総悲観状態になって、株価が一直線で下がるような値動きになるものです。

過去に株価がもみ合った「もみもみゾーン」は、**もみ合った時間が長ければ長いほど、多くの投資家がその価格帯で頻繁に大量に取引**をしていたはずです。

多くの投資家がもみもみゾーンで株を買っていたら、その後、どうなるか？ **株価がゾーンの上にあれば買い手が優勢**になって、もみもみゾーンが株価の下落を食い止める支持帯になります。株価がゾーンの下にあれば買い手劣勢になって、株価の上昇を阻む抵抗帯になります。

チャートを見るときは、過去の高値・安値を見るだけでなく、過去のもみもみゾーンにも注目してください。そのゾーンが現在の値動きに影響を与えていないかを自然と意識できるようになりましょう。

もみもみゾーンが500円とか1000円とか、ちょうどキリのいい株価に重なっていれば、そのゾーンが株価に与える影響はより強いものになります。

実際にチャートを見ないと今ひとつ、実感が持てないと思うので、さっそくドリルにとりかかりましょう！

探してみよう

もみもみゾーンドリル① QUESTION

「もみもみゾーン」はどこ？ 中でも株価に一番影響があるゾーンは？

みずほフィナンシャルグループ（8411） 日足チャート 2018年11月～2020年1月

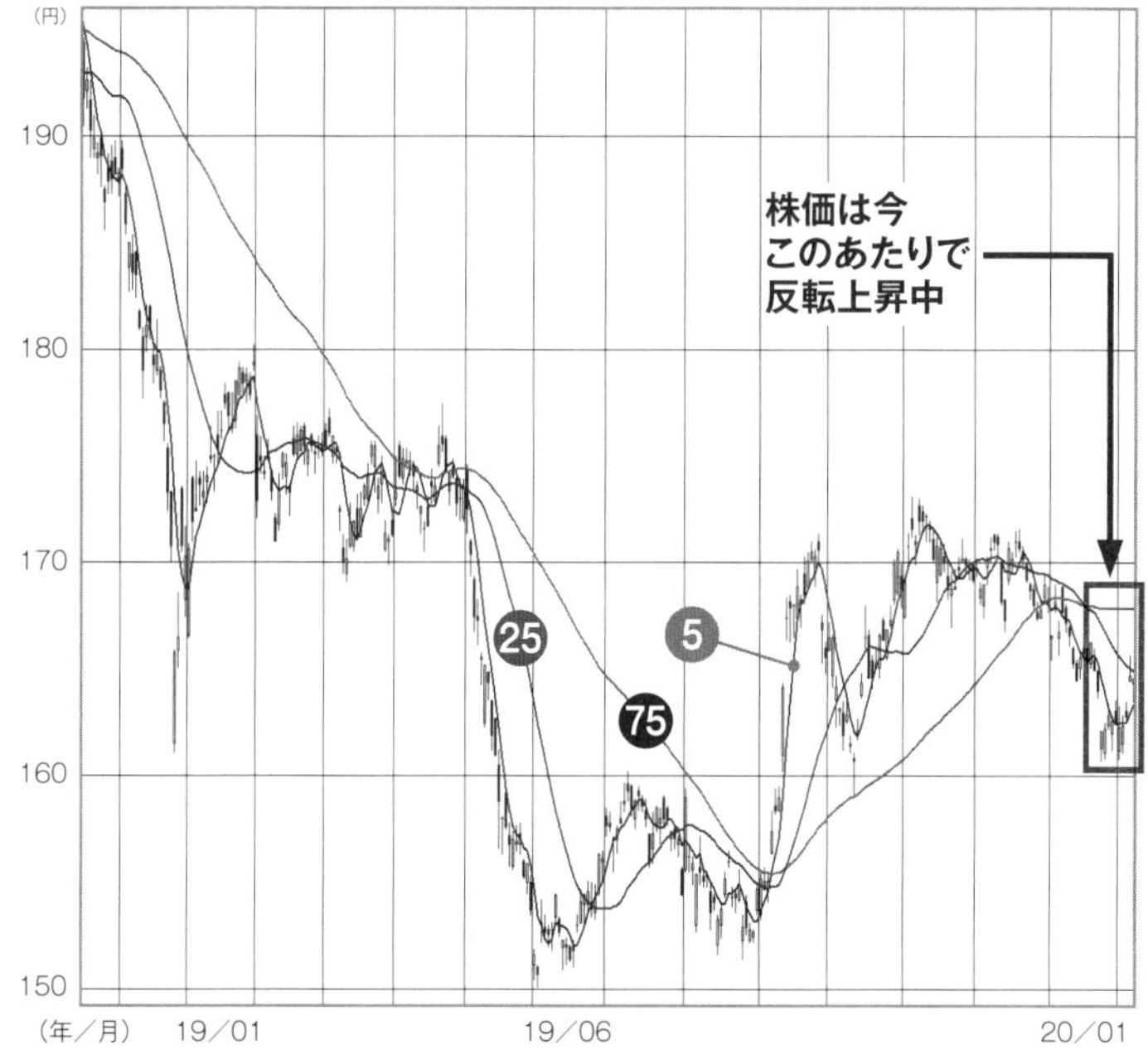

ヒント 株価が狭い値幅で上下動している「もみもみゾーン」をまず探しましょう。チャートの中に3つあります。その中で株価に一番、影響を与えそうなゾーンはどれ？

ここにあった

もみもみゾーンドリル① ANSWER

赤い帯の3つがもみもみ。中でもAは、今後の抵抗帯になりそうなので重要。

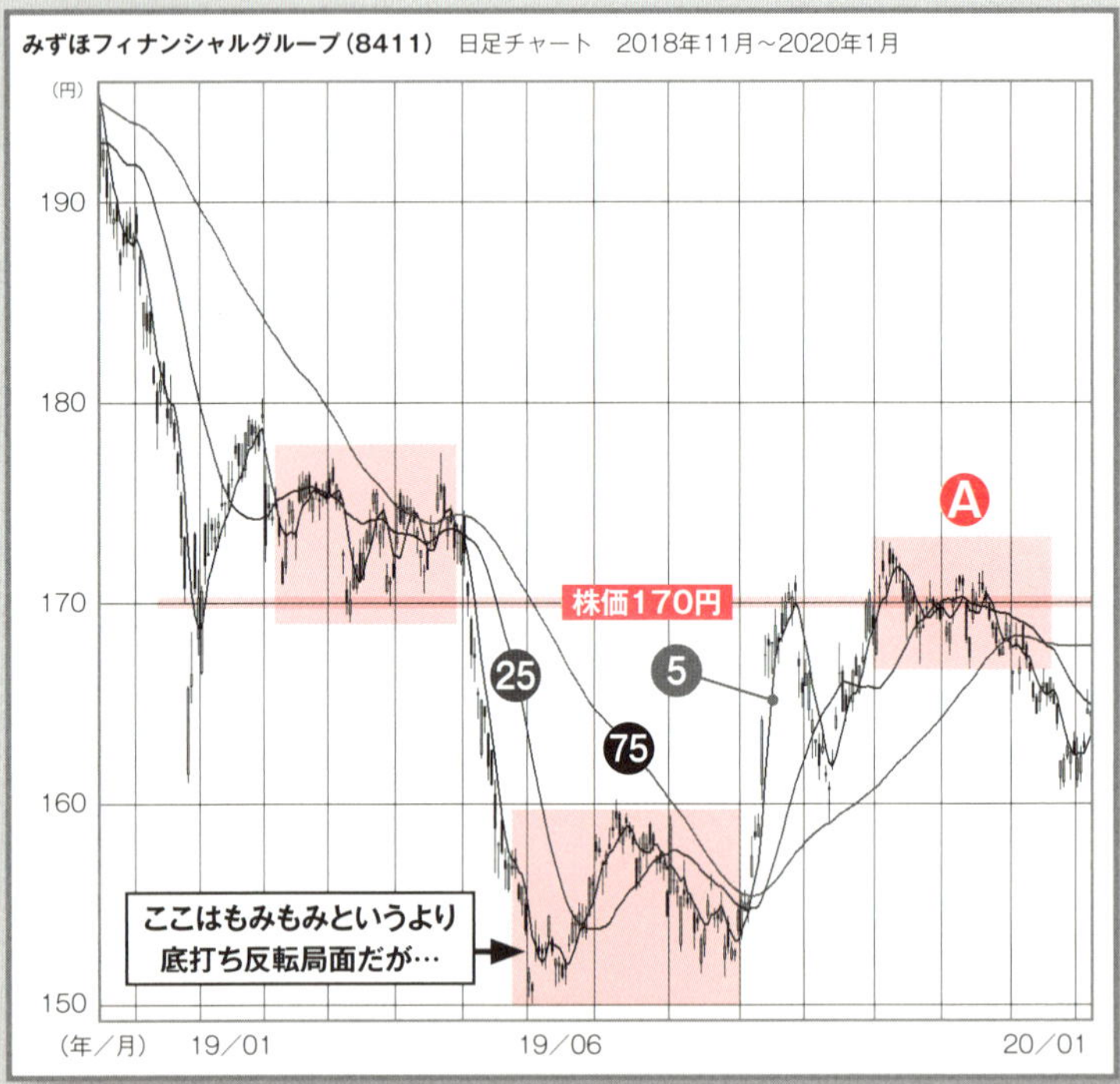

みずほフィナンシャルグループ（8411） 日足チャート 2018年11月～2020年1月
（円）
190
180
170
160
150
（年／月）
19／01
19／06
20／01
A
株価170円
25
5
75
ここはもみもみというより
底打ち反転局面だが…

ポイント

株価が横ばいで移動平均線がもつれ合ったところが「もみもみゾーン」。株価が向かう先にあるAはキリのいい株価（当時170円前後）でもあり、この先の株価の抵抗帯として機能しそうなので、重要です。

予想しよう Q

もみもみゾーンドリル② QUESTION

急騰後に急落したチャート。このあと、株価は上がる？ 下がる？

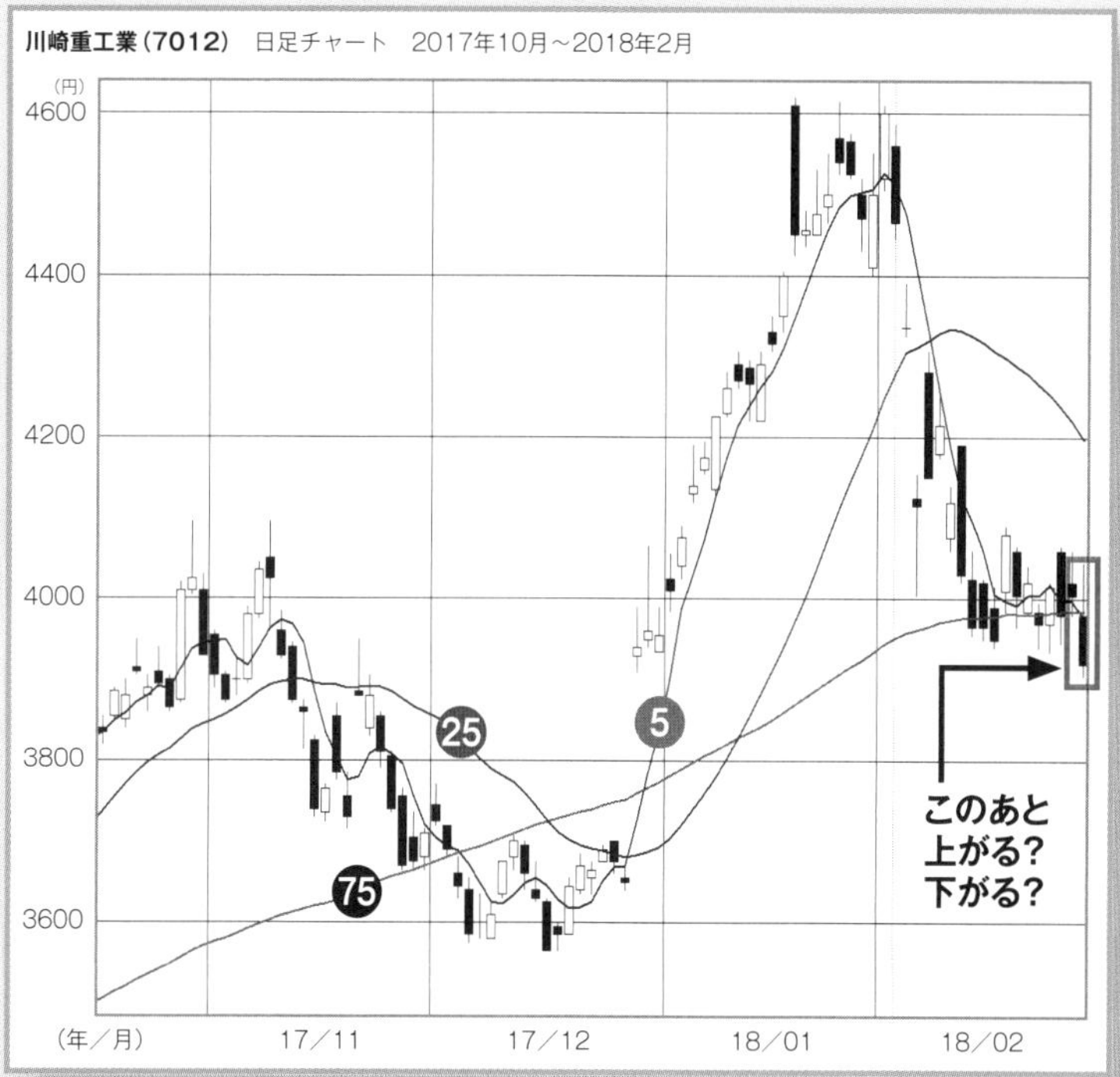
川崎重工業（7012） 日足チャート 2017年10月～2018年2月
（円）
4600
4400
4200
4000
3800
3600
25
5
75
このあと
上がる？
下がる？
（年／月）
17／11
17／12
18／01
18／02

ヒント

画面中央で急騰したあと、急落して一時、もみ合っていますが、直近の陰線は安値を更新しています。その直前の株価を見ると……。

A こうなった

もみもみゾーンドリル② ANSWER

直近の株価4000円台、もみもみゾーンの下限をブレイクして暴落。

川崎重工業（7012） 日足チャート 2017年10月～2018年3月
（円）
4400
4200
4000
3800
3600
3400
株価4000円
25
5
75
①
下落した
Qで示したチャートはここまで
（年／月）
17／11
17／12
18／01
18／02

ポイント

株価の急落が4000円というキリのいい株価でいったん止まりました。その後、赤い枠の中でもみもみゾーンが出現。陰線①がその下限を突破したことが下落再加速のシグナルになっています。

価格帯別出来高を利用した売買

「もみもみゾーン」に比べて、より数学的にというか、**数値重視のアプローチでチャートの中に潜む抵抗帯や支持帯を見つけ出そうとする指標が「価格帯別出来高」**です。

前述しましたが、改めて「出来高」の説明をしておきましょう。その日にどれぐらいの株数の取引が行われたかを示したのが出来高で、通常はローソク足チャートの下に縦組みの棒グラフで示されます。

僕が取引する銘柄は最低でも1日の出来高が200万株以上と限定していますが、そもそも出来高はその日の状況次第でかなり変化します。

出来高が多かった日は、投資家がその銘柄の売買で盛り上がり、たくさんの取引が行われたことを意味します。反対に出来高が少ない日はその銘柄を取引しようという投資家の数が少なく、取引が活発ではなかったということです。

株価が横ばいから上昇に転じるような場面では、投資家の関心が徐々にその銘

柄に集まり、売買が次第に盛り上がって、つられて株価の上昇にも拍車がかかっていくものです。

株価が上昇から下落に転じるときも、多くの投資家が先を争って売ろうとするので、出来高がふくらみます。ただし、横ばいから上昇に転じるときのような明確な出来高の増加がないまま、だらだらと下げ続ける場合もあります。

ある意味、**出来高は株価を動かす「エネルギー」というか「推進力」のようなもの**なので、日ごろ、ローソク足を見るときも下に出来高の棒グラフを表示させて、市場のエネルギーの盛り上がりや衰えを感じてください。

では「**価格帯別出来高**」とは、なんでしょうか。同じ出来高でも「どの日に何株の取引があったか」ではなく、**「株価○×円で何株の取引があったか」を、チャートの横軸に、価格帯ごとに表示したもの**になります。

図3-4は、僕が開発した「ストックシミュレーション」のチャートで、ソニーの価格帯別出来高を表示させたものです。横組みの棒グラフが、ローソク足を串刺しにするような形で描画されます。

図3-4 価格帯別出来高と株価の関係

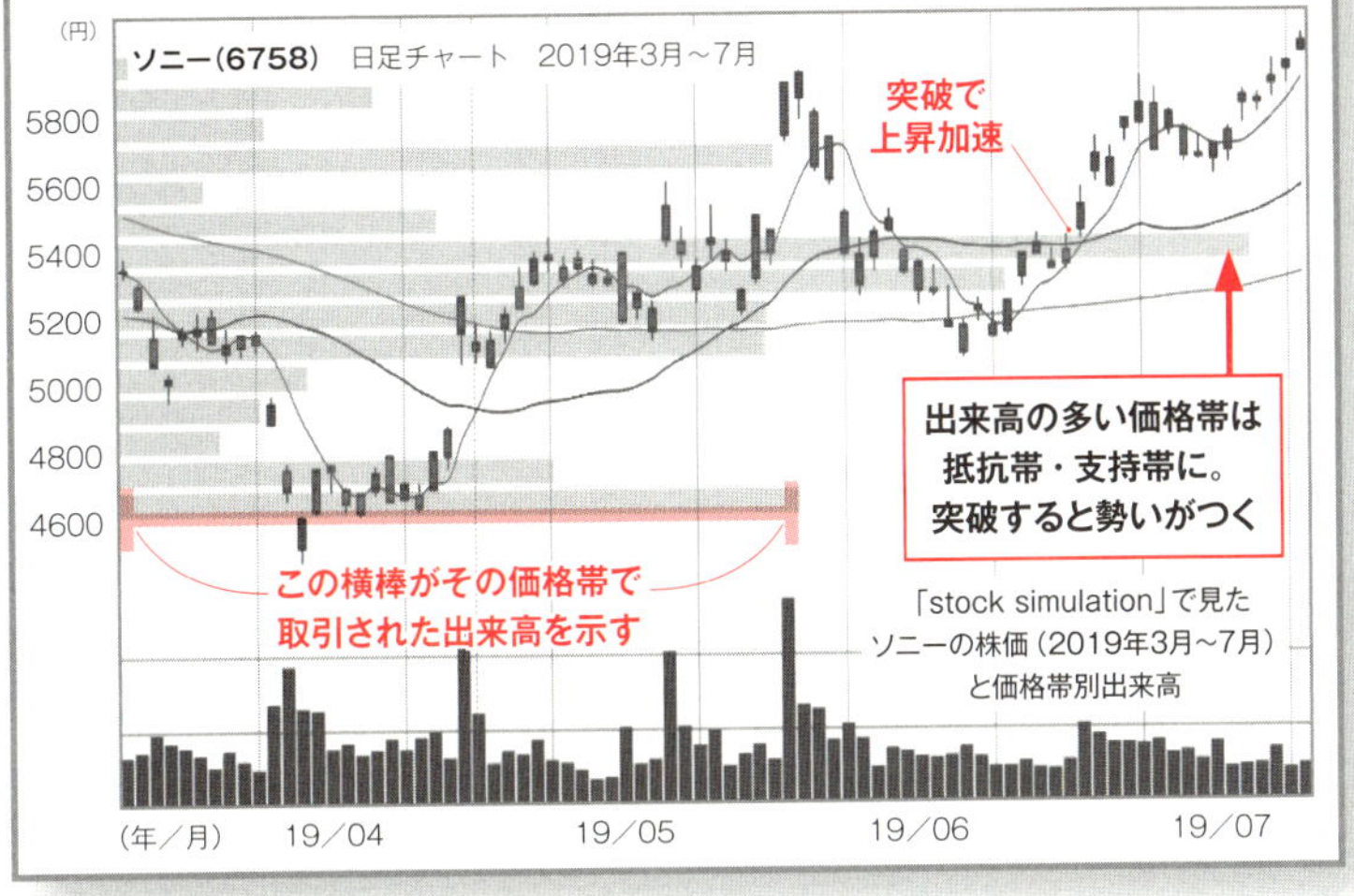
(円)
ソニー(6758)　日足チャート　2019年3月～7月
5800
5600
5400
5200
5000
4800
4600
突破で
上昇加速
出来高の多い価格帯は
抵抗帯・支持帯に。
突破すると勢いがつく
この横棒がその価格帯で
取引された出来高を示す
「stock simulation」で見た
ソニーの株価（2019年3月～7月）
と価格帯別出来高
(年／月)
19／04
19／05
19／06
19／07

長い棒グラフがあるところは、表示期間内（上図は5カ月）で活発な取引が行われ、**累積で見た、「のべ」の出来高がふくらんだ価格帯**です。

棒グラフが短いところは、取引量が少ない価格帯です。時には棒グラフが極端に短い、もしくは全然ないところもあるぐらいですが、そこはローソク足が窓を空けたため、期間中、投資家の取引がほとんどなかった価格帯になります。

出来高がたくさんあった価格帯がその後の値動きに対してどんな役割を果たすのか、少し自分で考えてみてください。

考えましたか？　では答えです。出来

高が多い価格帯は、その価格帯でたくさんの投資家が売り買いをしたことを意味します。つまり、もみもみゾーン同様に、**株価が出来高の多い価格帯より上にあれば支持帯に、下にあれば抵抗帯になる**、というわけです。

逆に、出来高の多い価格帯を株価が突き破ったり、割り込んだりすると、その方向に向かう値動きに弾みがつきます。

出来高の少ない価格帯は、その価格帯で売買した投資家が少なかったことで、抵抗帯や支持帯になりにくく、株価がすいすいと一方通行で進みやすいゾーンです。これは価格帯別出来高を見るときのポイントになります。

過去の高値・安値や、もみもみゾーン、キリのいい株価がその後の投資家に与えるのは心理的な影響がメインでしたが、価格帯別出来高は違います。その期間中にその価格で実際に売買された**具体的な株数**を表していますから、**ダイレクトに投資家のカネ勘定に影響**します。つまり、株価に対してより強力な支配力を持つともいえるのです。

それではドリルで練習してみましょう！

予想しよう

価格帯別出来高ドリル① QUESTION

価格帯別出来高などから判断して、このあと上がる？ 下がる？

飯田グループホールディングス（3291） 日足チャート 2018年8月〜12月

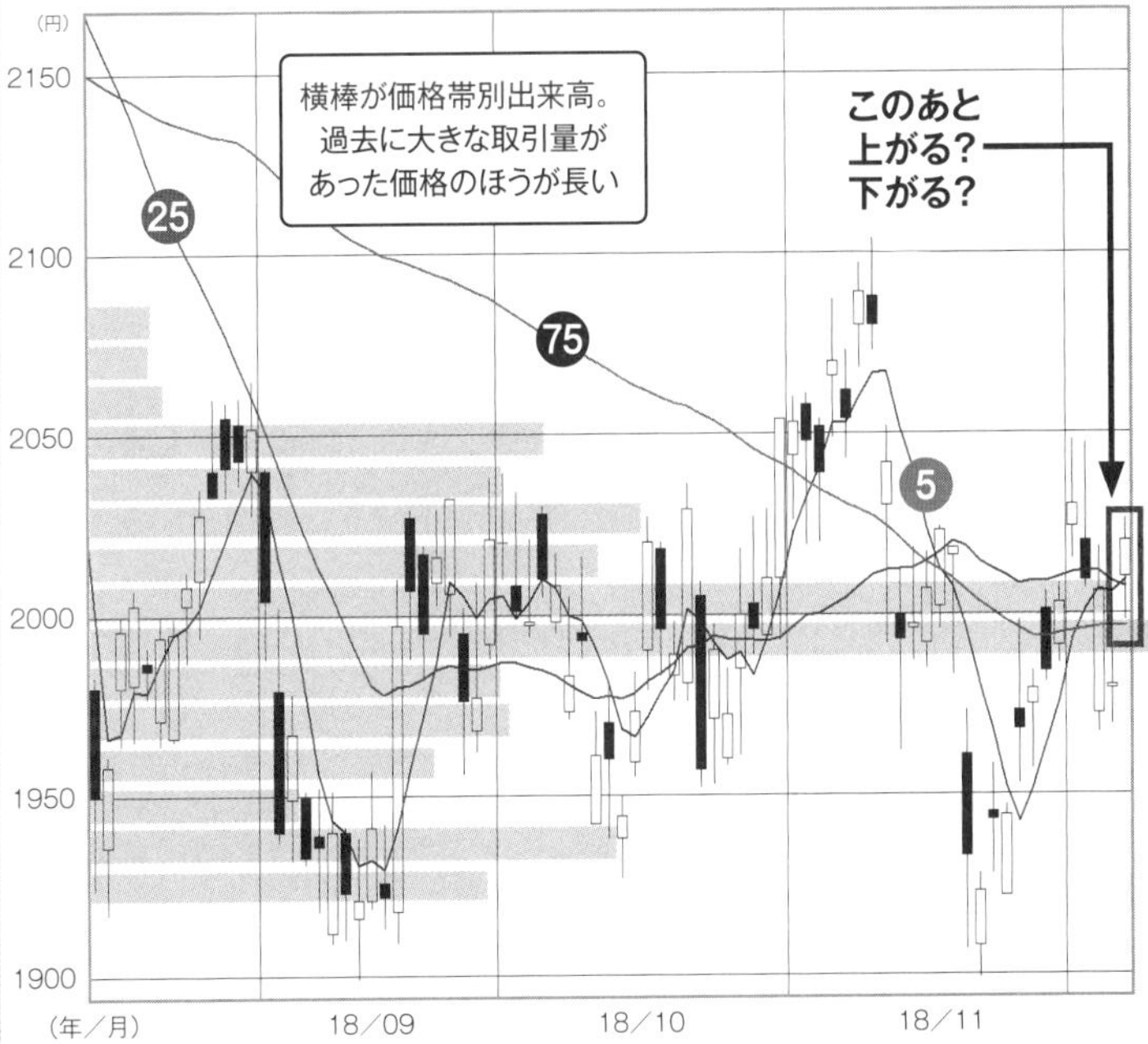

ヒント

価格帯別出来高の多い価格は株価の支持帯や抵抗帯になりやすく、その価格を上抜けたら上昇に弾みがつき、下抜けたら下落が加速しやすくなります。さて、上図の場合は？

こうなった

価格帯別出来高ドリル① ANSWER

価格帯別出来高の多い株価2000円の節目を突破して上昇した。

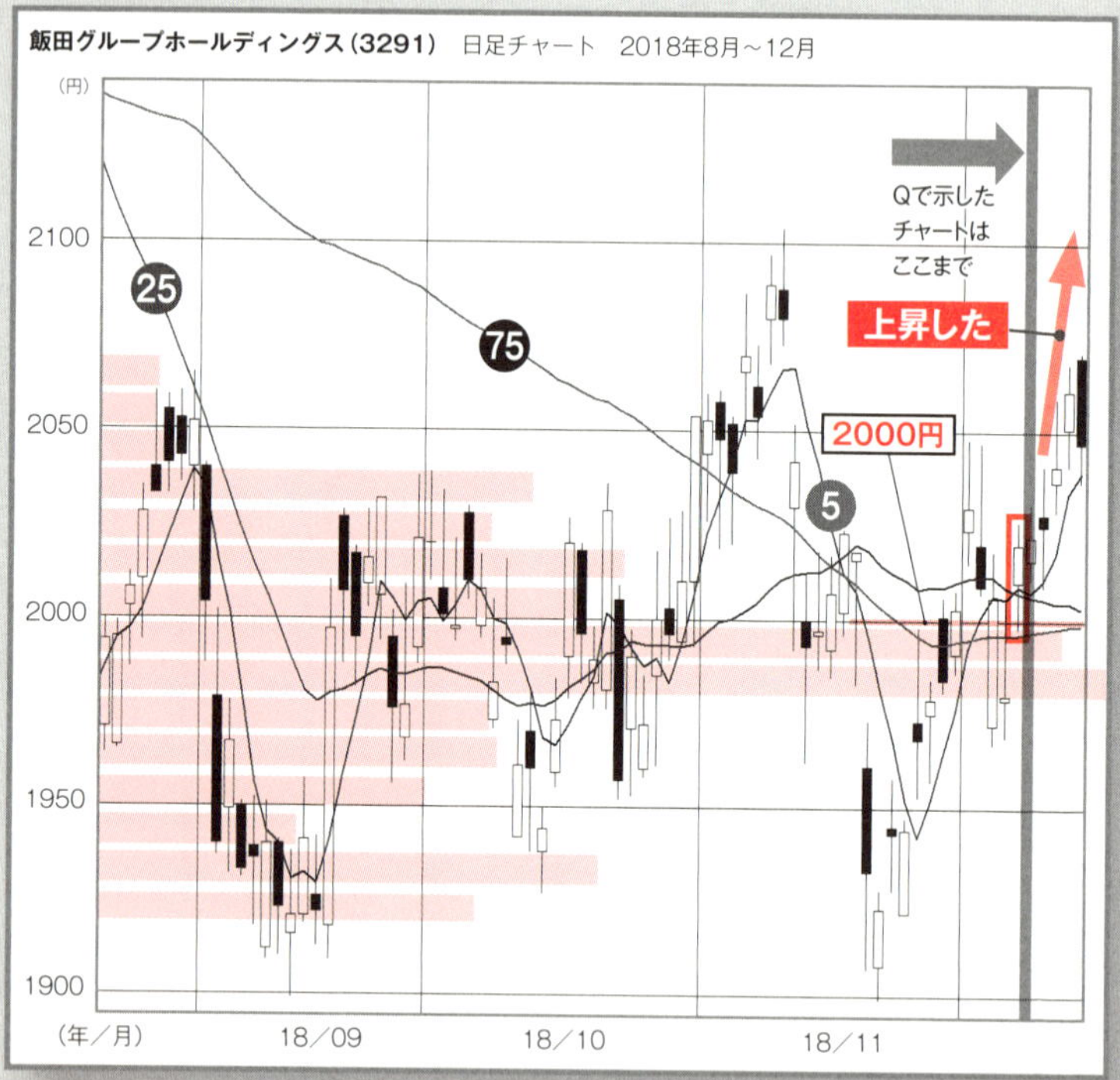

飯田グループホールディングス（3291） 日足チャート 2018年8月～12月
（円）
2100
2050
2000
1950
1900
25
75
5
Qで示したチャートはここまで
上昇した
2000円
（年／月）
18／09
18／10
18／11

ポイント

株価2000円前後の価格帯別出来高が突出して多かったわけですが、赤枠で囲った陽線がその価格帯を突破。キリのいい株価2000円や25日線・75日線も上抜けていて、上昇の勢いが強いと判断できました。

予想しよう Q

価格帯別出来高ドリル② QUESTION

価格帯別出来高などから判断して、このあと株価はどう動く？

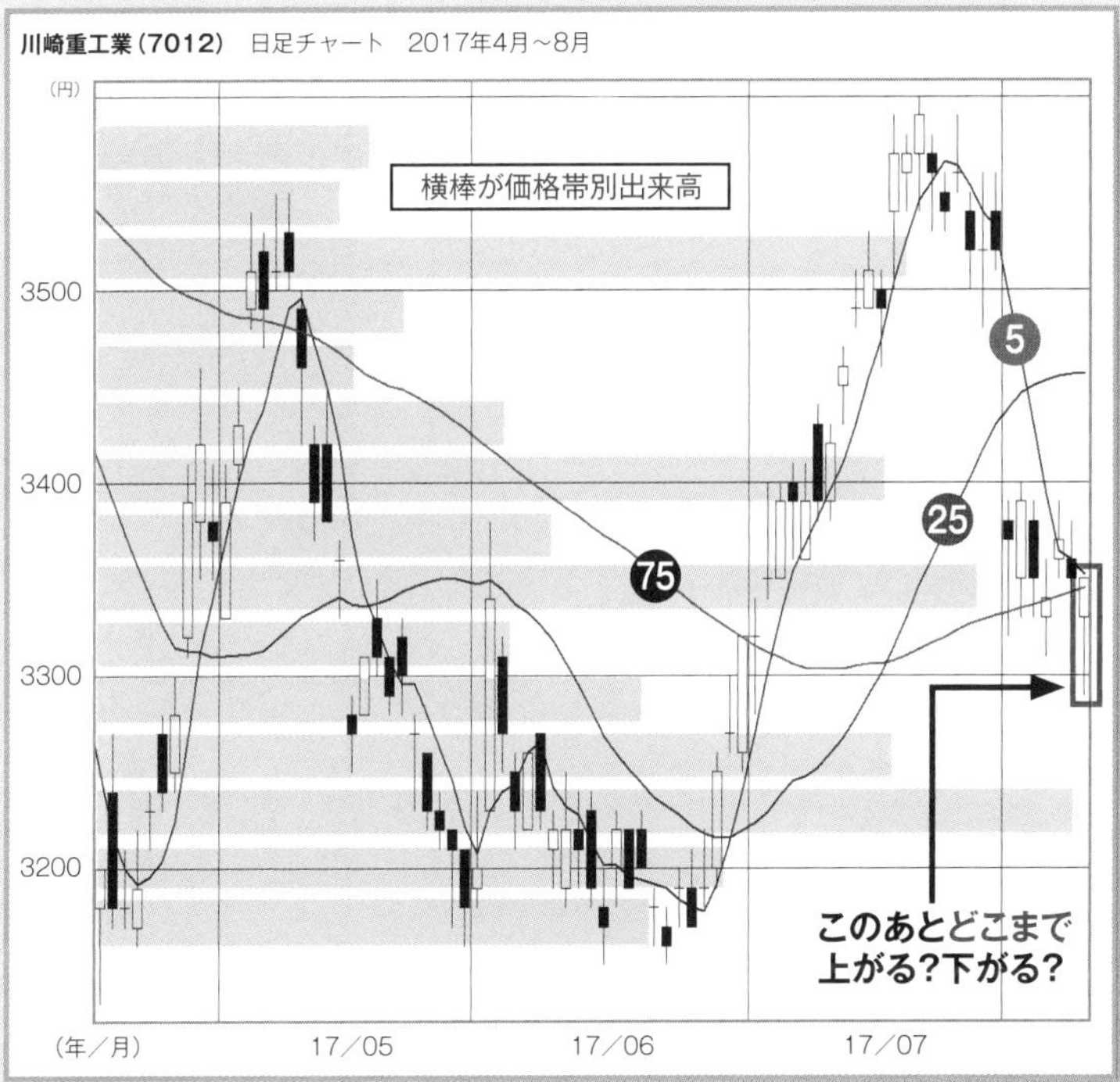
川崎重工業（7012） 日足チャート 2017年4月～8月
（円）
3500
3400
3300
3200
横棒が価格帯別出来高
75
25
5
このあとどこまで上がる？下がる？
（年／月）
17／05
17／06
17／07

ヒント

「『どこまで』上がる、下がる?」の予想をしてみてください。一番右の陽線のすぐ上には出来高の多い価格帯や25日線・75日線が上値の抵抗帯として立ちはだかっています。でも下を見ると?

こうなった A

価格帯別出来高ドリル② ANSWER

出来高の多い価格帯Aまで下がったあと上昇に転じた。

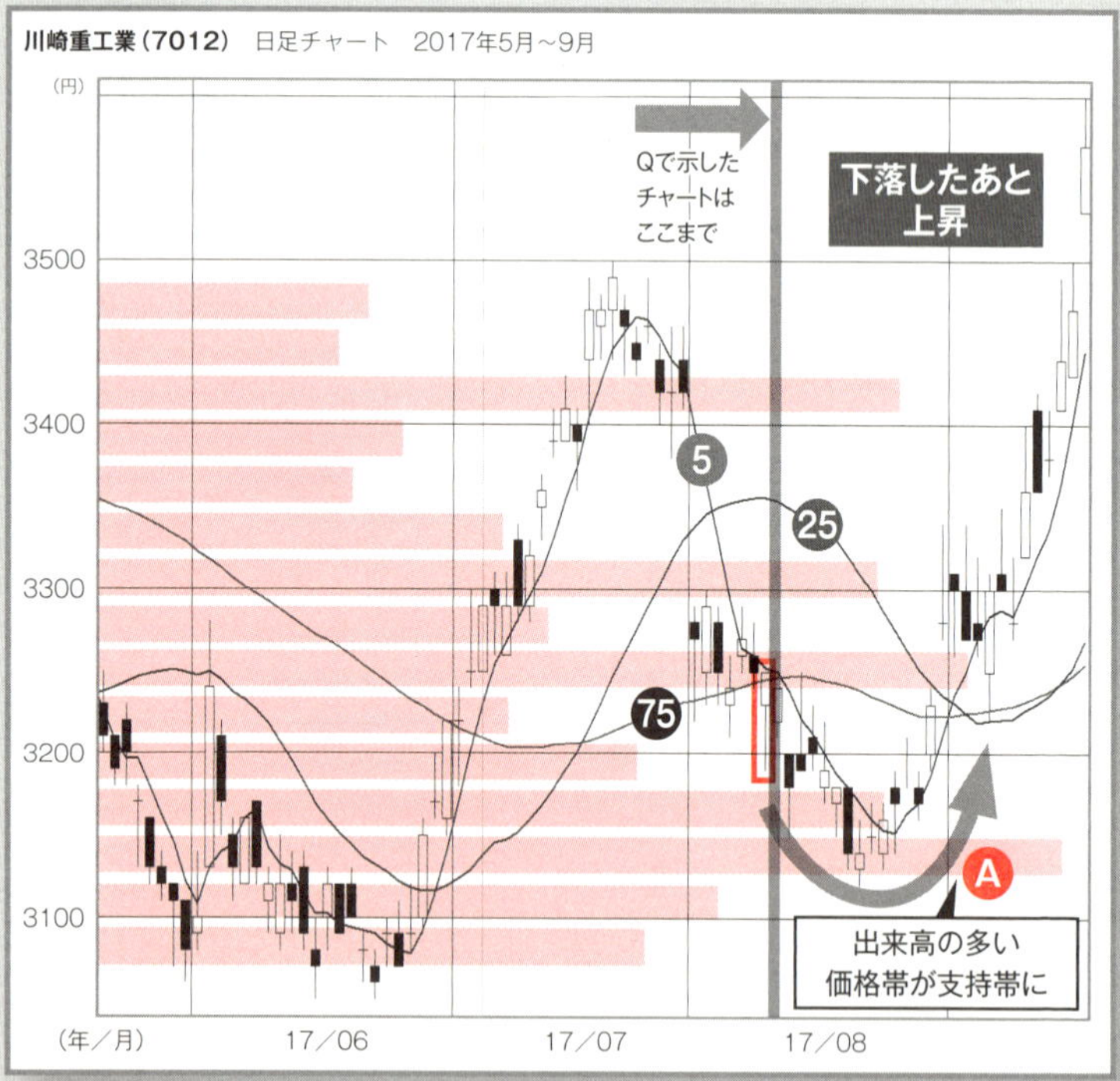
川崎重工業（7012） 日足チャート 2017年5月～9月
（円）
3500
3400
3300
3200
3100
（年／月）
17／06
17／07
17／08
Qで示したチャートはここまで
下落したあと上昇
5
25
75
A
出来高の多い価格帯が支持帯に

ポイント

赤枠で囲った陽線以降、上値にある出来高が多い価格帯などに跳ね返されて下落しますが、出来高が一番多い価格帯Aがサポート役になり反転上昇しました。Aの価格帯別出来高を見て「下げ止まるかも」と考えましょう。

第4章

複数のシグナル点灯で最強

移動平均線&新値更新5日&周期で稼ぐ!

5日線、25日線、75日線とトレンドの関係

「前の高値・安値」や「キリのいい株価」以上に、下降トレンドのときの「ここまで下がったら買い」、上昇トレンドのときの「ここまで上がったら売り」の判断基準としてフル活用できるのが**移動平均線**です。

上昇トレンドのとき、移動平均線の並びは上から**5日線∨25日線∨75日線**となり、5日線の上を株価が上昇していくのが基本形となります。

株価は日々、上下動を繰り返すものです。そのため、5日線もそれに引きずられるように上下動していきますが、**25日線や75日線は多少、株価が動いても、びくともせずに同じ方向に弧を描いて**いきます。その力強さがトレンドそのものの強さといってもいいでしょう。

図4-1の①が上昇トレンド特有の移動平均線の位置関係です。右肩上がりの25日線や75日線の上にある5日線が25日線に**近づいては上に行き、時にはいったん割り込んだものの、また上に行く**という動きを繰り返しています。

図4-1 移動平均線の並びとトレンド

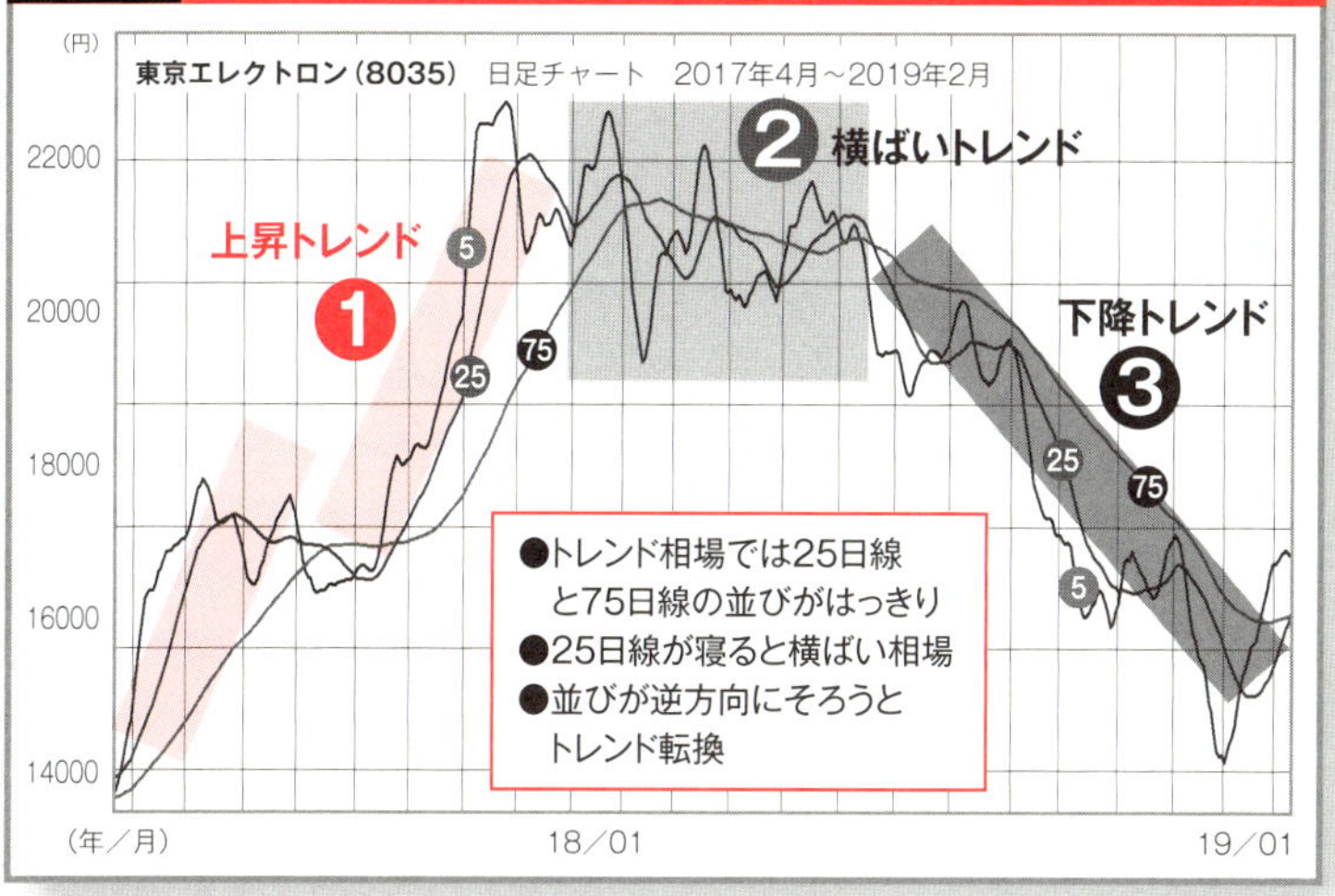

(円)
東京エレクトロン(8035) 日足チャート 2017年4月～2019年2月
22000
20000
18000
16000
14000
上昇トレンド
1
5
25
75
2 横ばいトレンド
下降トレンド
3
25
75
5
●トレンド相場では25日線と75日線の並びがはっきり
●25日線が寝ると横ばい相場
●並びが逆方向にそろうとトレンド転換
(年/月)
18/01
19/01

やがて上昇トレンドが失速し、株価が高値を更新できずに横ばいで推移し始めると、5日線だけでなく25日線や75日線も上向きから横ばいになります。

横ばいトレンドが続く間、株価はそれまでの高値を越えられず、安値を割り込むこともなく、一定のレンジ(値幅)内を行ったり来たりします。その値動きにつられるように**5日線も横ばいの25日線や75日線を越えたり割り込んだりする**のが横ばい相場における位置関係です(上図の②)。煮詰まった横ばい相場だと、**3つの移動平均線がぐちゃぐちゃにもつれ合うことも**あります。

その後、株価がレンジの下限にある安値を割り込んで下落すると、5日線が横ばいの25日線・75日線を下回って、折り返すことなく下落し、**25日線・75日線も横ばいから下向きに**なります。株価が下落、反転上昇、やっぱり下落という値動きで下がっていくと、それにつられて5日線も上下動しますが、**上にある右肩下がりの25日線・75日線は越えられず、たとえ越えてもすぐに下向きに転じる**のが、図の③に示した下降トレンド特有の移動平均線の動きになるのです。

移動平均線の位置関係が実際の売買にとても有効なのは、トレンドごとの売買ポイントを教えてくれるから。

上昇トレンドのときは、右肩上がりの25日線のところまで5日線が下がったあと、再び上昇に転じたところが押し目買いのポイントになります。

下降トレンドのときは、右肩下がりの25日線まで5日線が上昇したあと、再び下げに転じたところが戻り売りのポイントになります。

横ばいトレンドのときは、5日線と25日線・75日線が絡み合うような形になるので、そんなときは「売買しない」が吉です。ドリルで確かめてみましょう！

探してみよう

移動平均線の売買ポイントドリル① QUESTION

①上昇トレンドはどこで買う?
②下降トレンドはどこで売る?

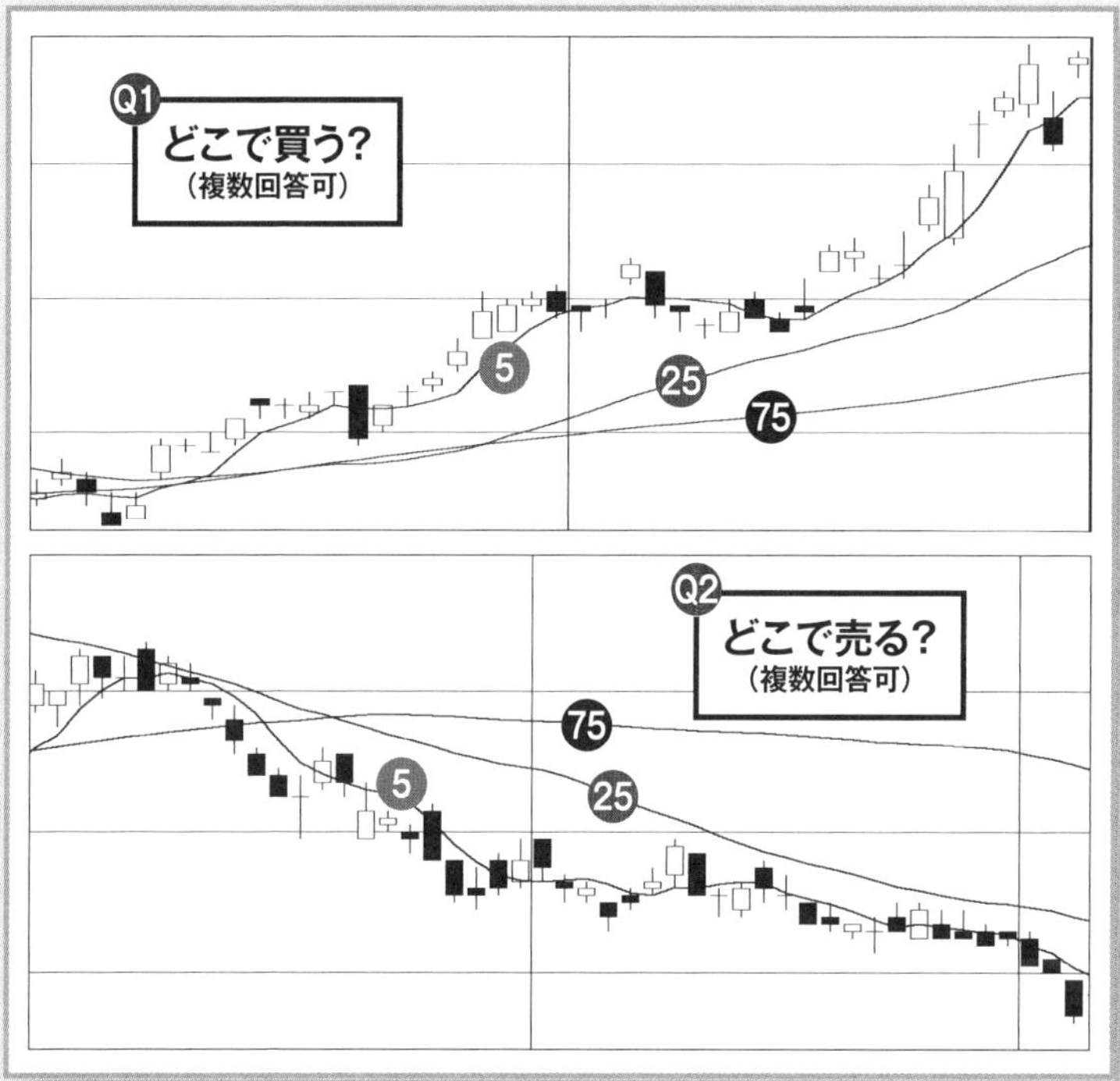

ヒント

トレンド相場での5日線と25日線を使った売買では、5日線と25日線が接近したあと、離れるところが押し目買い・戻り売りを仕掛けるポイントになります。

ここだった

移動平均線の売買ポイントドリル① ANSWER

5日線が25日線と接近後、離れたときに出た陽線で買い、陰線で売り。

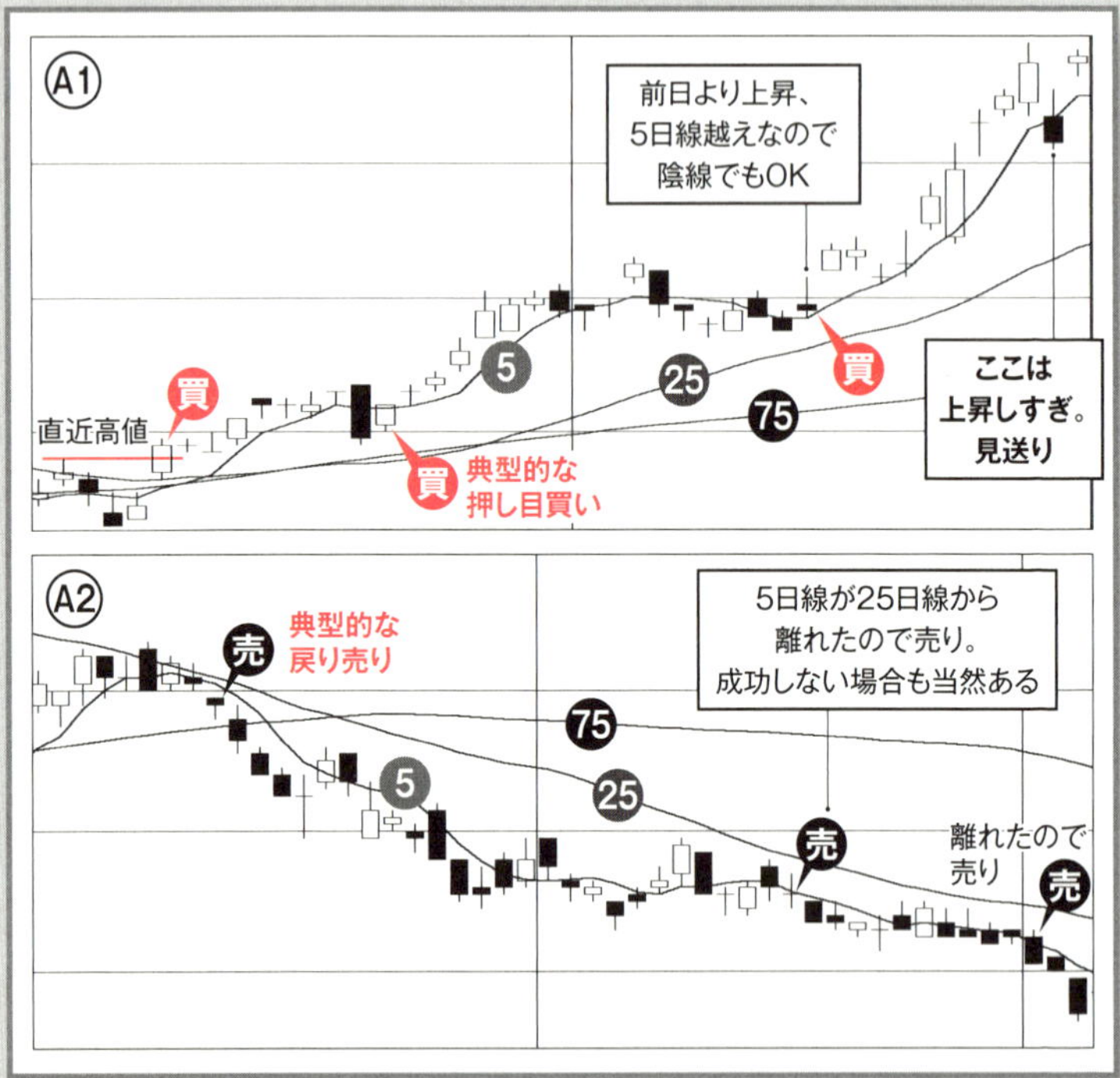
A1
前日より上昇、
5日線越えなので
陰線でもOK
直近高値
買
5
25
75
買
典型的な
押し目買い
買
ここは
上昇しすぎ。
見送り
A2
売
典型的な
戻り売り
5日線が25日線から
離れたので売り。
成功しない場合も当然ある
75
5
25
売
離れたので
売り
売

ポイント

25日線に5日線が近づいたあと、ローソク足が反転したら買い／売りが基本。近づかなくても5日線が25日線から離れていけばトレンド加速のシグナルなのでエントリーする価値はあります。

探す＆予想

移動平均線の売買ポイントドリル② QUESTION

絶好の売りポイントを1つ探して。さらに、このあと株価はどうなる？

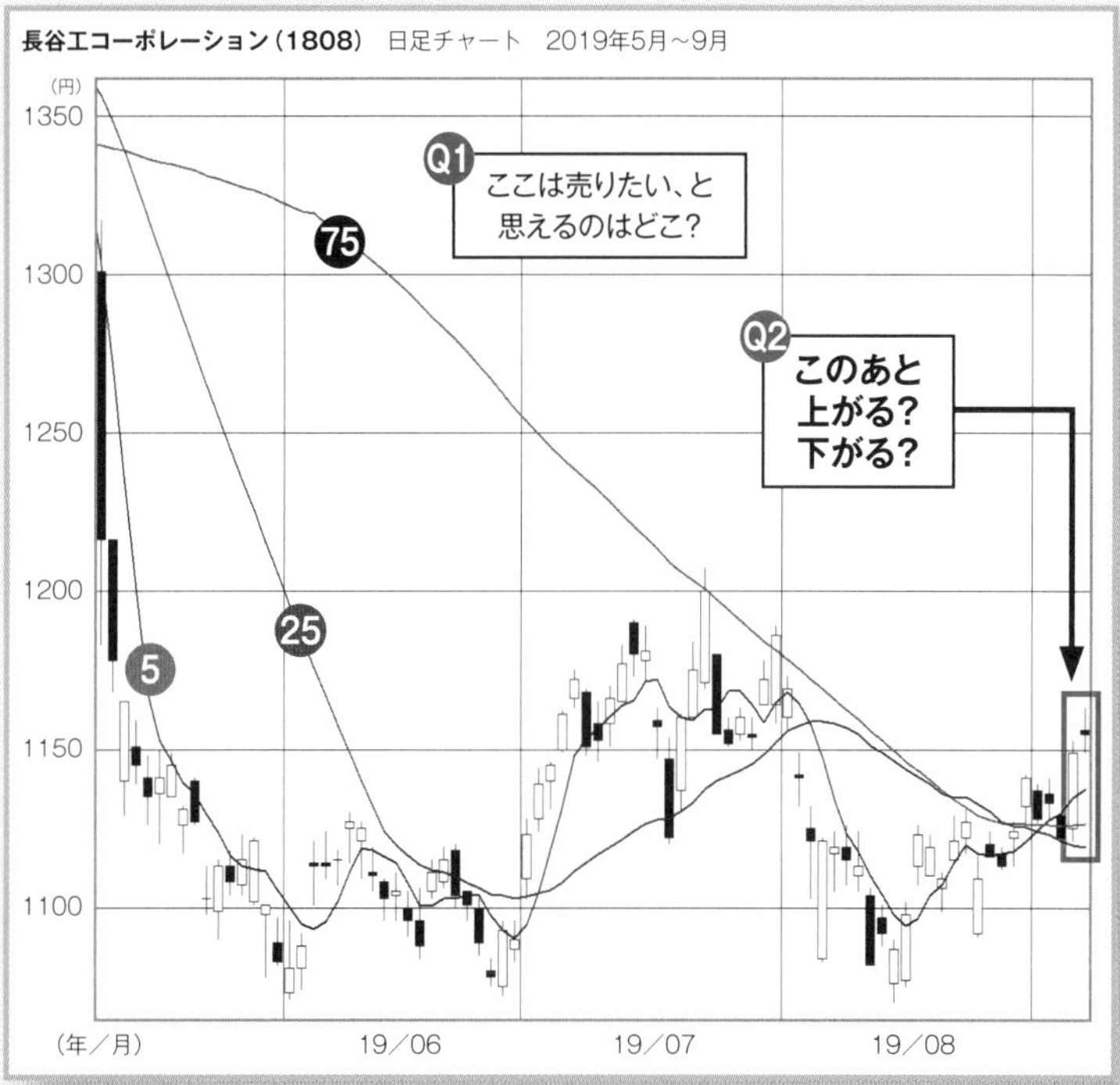

長谷工コーポレーション（1808） 日足チャート 2019年5月〜9月
(円)
1350
1300
1250
1200
1150
1100
75
25
5
Q1
ここは売りたい、と
思えるのはどこ？
Q2
このあと
上がる？
下がる？
(年／月)
19／06
19／07
19／08

ヒント

移動平均線の傾きに注目。25日線・75日線が急な下向きなので下降トレンドは健在。初めてローソク足が75日線にタッチしたのはどこ？ Q2も、75日線の傾きから見ると……？

こうなった

移動平均線の売買ポイントドリル② ANSWER

A1 ローソク足の75日線タッチで売り。
A2 かなり力強く上がった。

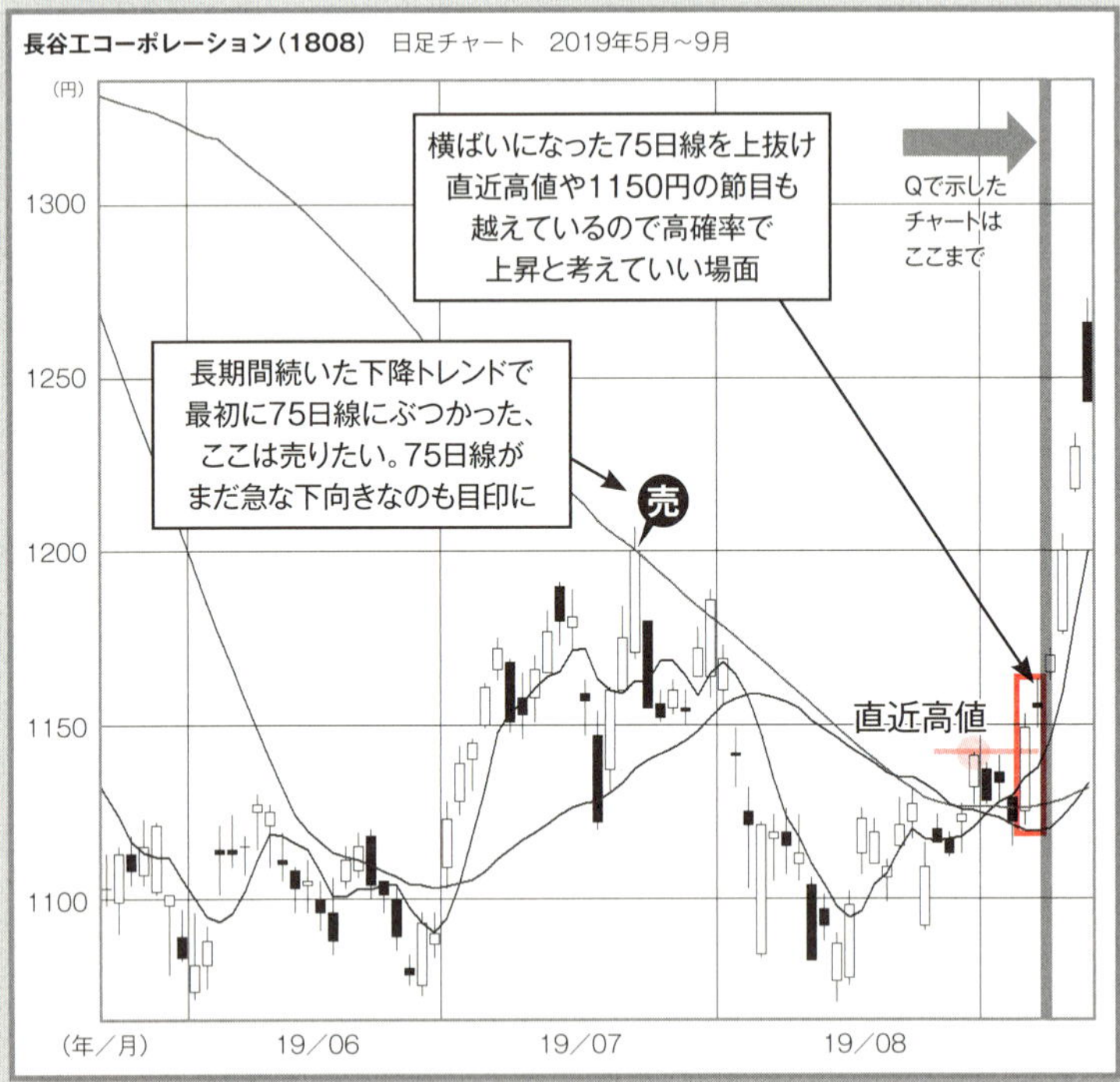
長谷工コーポレーション（1808） 日足チャート 2019年5月～9月
（円）
1300
1250
1200
1150
1100
横ばいになった75日線を上抜け
直近高値や1150円の節目も
越えているので高確率で
上昇と考えていい場面
Qで示した
チャートは
ここまで
長期間続いた下降トレンドで
最初に75日線にぶつかった、
ここは売りたい。75日線が
まだ急な下向きなのも目印に
売
直近高値
（年／月）
19／06
19／07
19／08

ポイント

強い下降トレンドが続く中でローソク足が下向きの75日線にタッチしたら売るのがけいくん流です。Q2は赤枠で囲った右側の短い陰線が横ばいの75日線や直近高値、キリのいい株価を越えているので上昇する確率が高いです。

新値更新5日の術で取引の出口を探す

株の本で、「こうなったら買い／売り」と取引の入り口だけが書かれていて、肝心の**出口が書かれていない**ものを見かけます。

でも、株は買ったらいつかは売るもの。億り人を目指す人にとって、出口のない投資はありえません。

では、僕の投資法の出口はどこでしょうか。株式投資の決済ポイントを探す〝けいくん式株式投資の必殺技〟、それが**新値更新5日の術**です。

何度もいいますが、株価というのはどんなトレンドでも、上がったら下がり、下がったら上がる——を繰り返すもの。株価の上下動に規則性はないものか？

僕が見つけたルールは、こうです。

「**株価の上昇が始まって、高値を更新するローソク足の陽線が5本続くと、いったん上昇が終わりやすい。下落が始まって、安値を更新するローソク足の陰線が5本続くと、そのあと株価は下げ止まりやすい**」

図4-2 新値更新5日の術を使った利益確定法

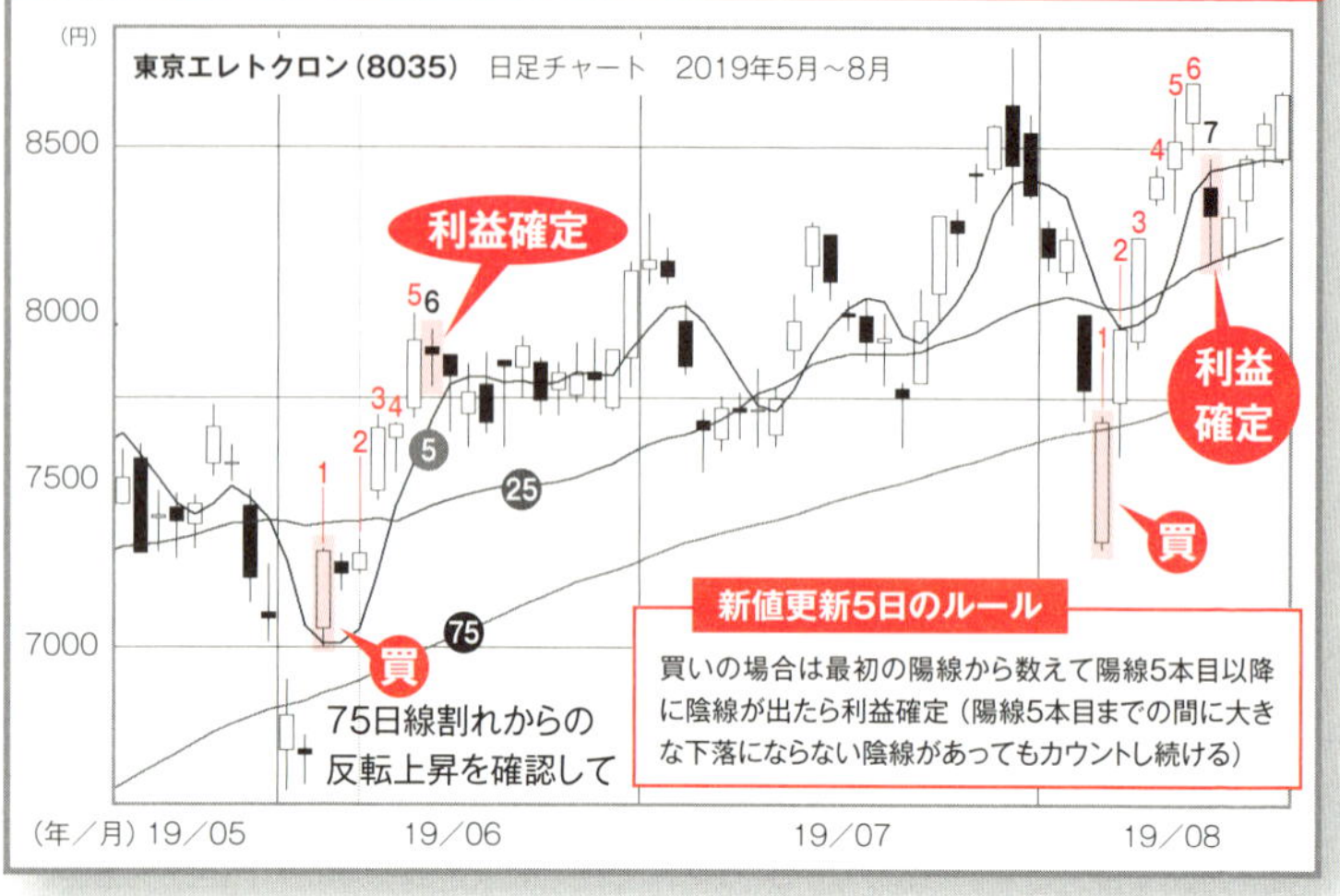
(円)
東京エレトクロン(8035)　日足チャート　2019年5月～8月
8500
8000
7500
7000
利益確定
利益確定
買
買
5
25
75
75日線割れからの
反転上昇を確認して
新値更新5日のルール
買いの場合は最初の陽線から数えて陽線5本目以降に陰線が出たら利益確定（陽線5本目までの間に大きな下落にならない陰線があってもカウントし続ける）
(年／月) 19／05
19／06
19／07
19／08

時には陽線が7本、9本と続くような上昇もありますが、それはレアケースですので、無理して保有し続ける必要はありません。

「新値更新が5日続いたあとに陰線が出たら利益確定」というルールにしておけば、ラクです。5日目以降に陽線が出たときはそのまま持ち続けながら〝陰線待ち〟をすれば、上昇局面の天井近辺で華麗に利益確定できることが多くなります。

より詳細な新値更新5日のルールを紹介すると、「株価の上昇が続いているときは、その起点となった最初の陽線も含めて高値を更新している陽線が5本出たあとに、陰線が出たら利益確定。**上昇局面に出てくる5本の陽線は必ずしも連続して出現する必要はなく、その間に陰線がはさまってもOK**。ただし、その陰線がこれまでの陽線を終値で下回るようなら、そこで決済する」というのが買いのルールになります。

カラ売りの場合はその逆です。「**下落の起点になった陰線から数えて5本目の陰線が出たあとに陽線が出たら買い戻して利益確定。5本の陰線の間に、終値で前の陰線を上回らない陽線が出てもカウントし続ける**」となります。

取引開始にも使える新値更新5日の術

新値更新5日の術は利益確定だけでなく、取引の入り口、すなわち**新規エントリーの売買判断**にも使えます。

たとえば、上昇トレンド中の株価がいったん下落に転じたあと、再び上昇回帰したところを押し目買いする場合を考えてみましょう。

下落に転じた**陰線を1、2、3と数えて、5本目以降に陽線が立ったら**「**そろそ**

ろ反転上昇」と判断できます。

逆に下降トレンド継続中の一時的な反転上昇が陽線5本分で終わって、次に陰線が出たら「再び下降トレンドに回帰するかも」と考えます。

もちろん、新値更新5日目以降だからといって、**「必ず反転」するわけでは決してない**ので誤解のないようにしてください。新値更新5日はあくまでシグナルの1つだからです。

新値更新5日に、別の目印が重なることが大事です。新値更新5日目以降にローソク足が反発上昇した価格帯が、「前の高値・安値」「キリのいい株価」「もみもみゾーン」「価格帯別出来高の多いところ」「中長期の移動平均線で反転または突破」など、**複数の目印とぴったり重なっていたら、そこから反転する確率が高く**なります。出口はもちろん、入り口としても使える便利なシグナルなので、ぜひ習得したいものです。

意識しなくても、ローソク足の陽線・陰線を「1、2、3……」と数えられるようになりましょう。その習慣を身につける意味でも、ドリルで練習です！

探してみよう

新値更新5日ドリル① QUESTION

価格帯別出来高などから判断してAで買ったら、決済はどこでする?

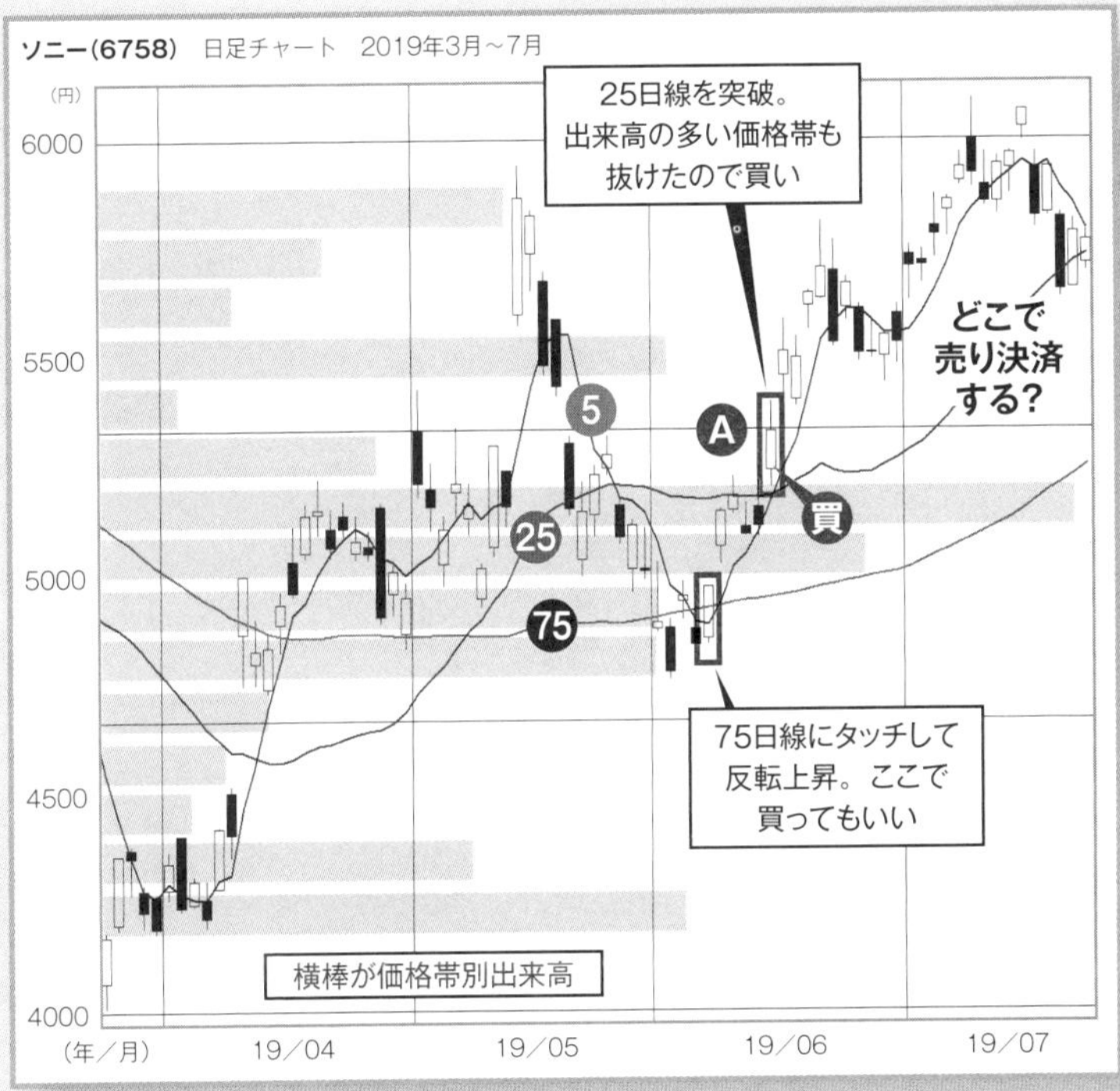
ソニー(6758) 日足チャート 2019年3月~7月
(円)
6000
5500
5000
4500
4000
(年/月)
19/04
19/05
19/06
19/07
25日線を突破。出来高の多い価格帯も抜けたので買い
5
25
75
A
買
どこで売り決済する?
75日線にタッチして反転上昇。ここで買ってもいい
横棒が価格帯別出来高

ヒント 出来高の多い価格帯と25日線を越えて上昇したAで買ったとしたら、新値更新5日の術に当てはめるとAが1本目。そこから陽線が連続して続いたあとの、初めての陰線といえば……?

ここだった A

新値更新5日ドリル① ANSWER

新値更新5日の術に従って陽線を数え、陰線が出たら利益確定が安全。

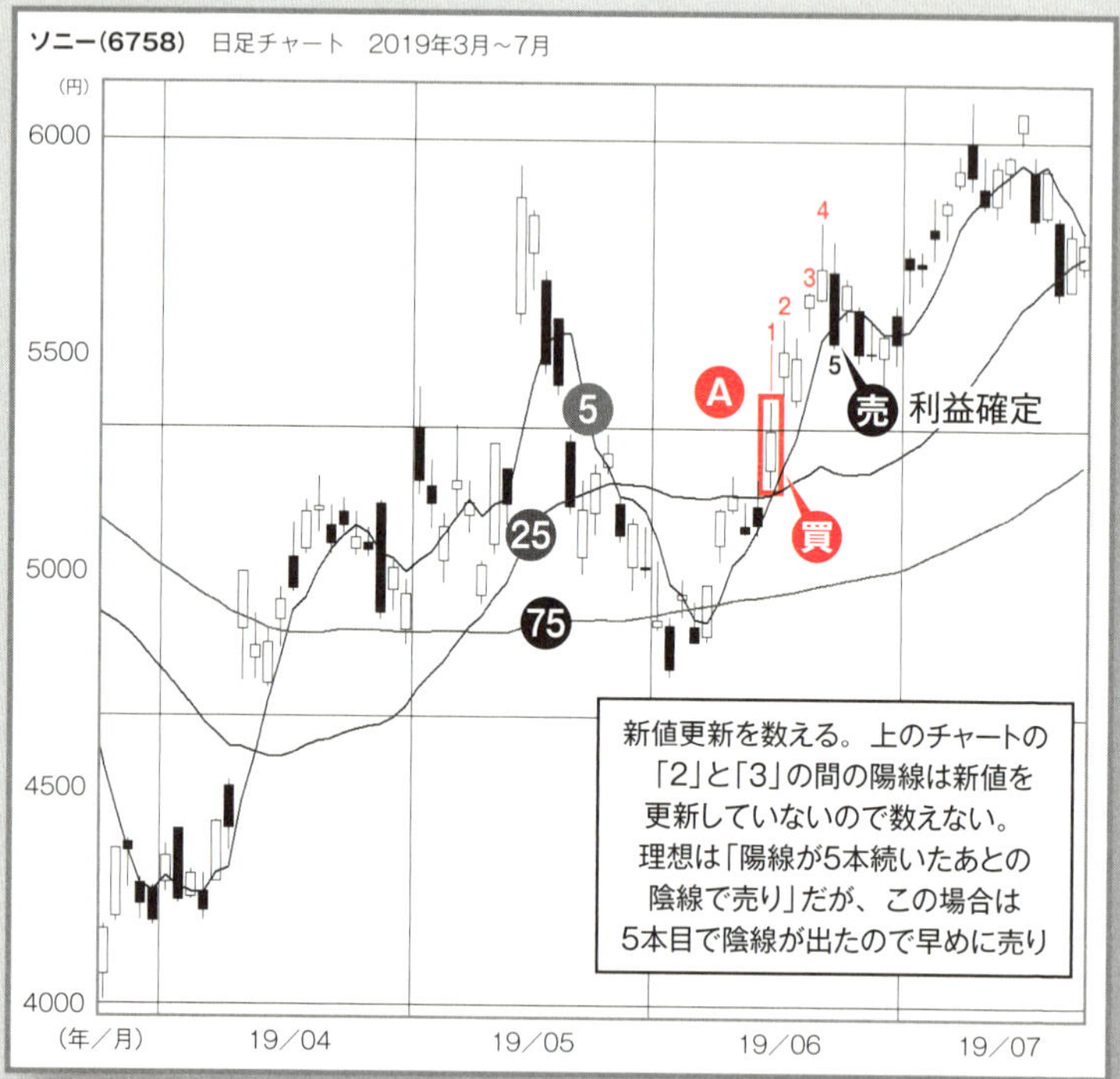
ソニー(6758) 日足チャート 2019年3月～7月
(円)
6000
5500
5000
4500
4000
(年／月)
19／04
19／05
19／06
19／07
1
2
3
4
5
A
買
売
利益確定
5
25
75
新値更新を数える。上のチャートの「2」と「3」の間の陽線は新値を更新していないので数えない。理想は「陽線が5本続いたあとの陰線で売り」だが、この場合は5本目で陰線が出たので早めに売り

ポイント

新値更新5日の術は利益確定の判断に使えます。出来高の多い価格帯と25日線を越えて上昇したAの陽線で買い。本来ならそこから陽線が5本連続したあとの陰線で売りだが、このケースでは5本目の陰線で早めに利益確定するのが安全。

予想しよう

新値更新5日ドリル② QUESTION

図の一番右の陽線は買い? 売り? 理由もしっかり考えてください。

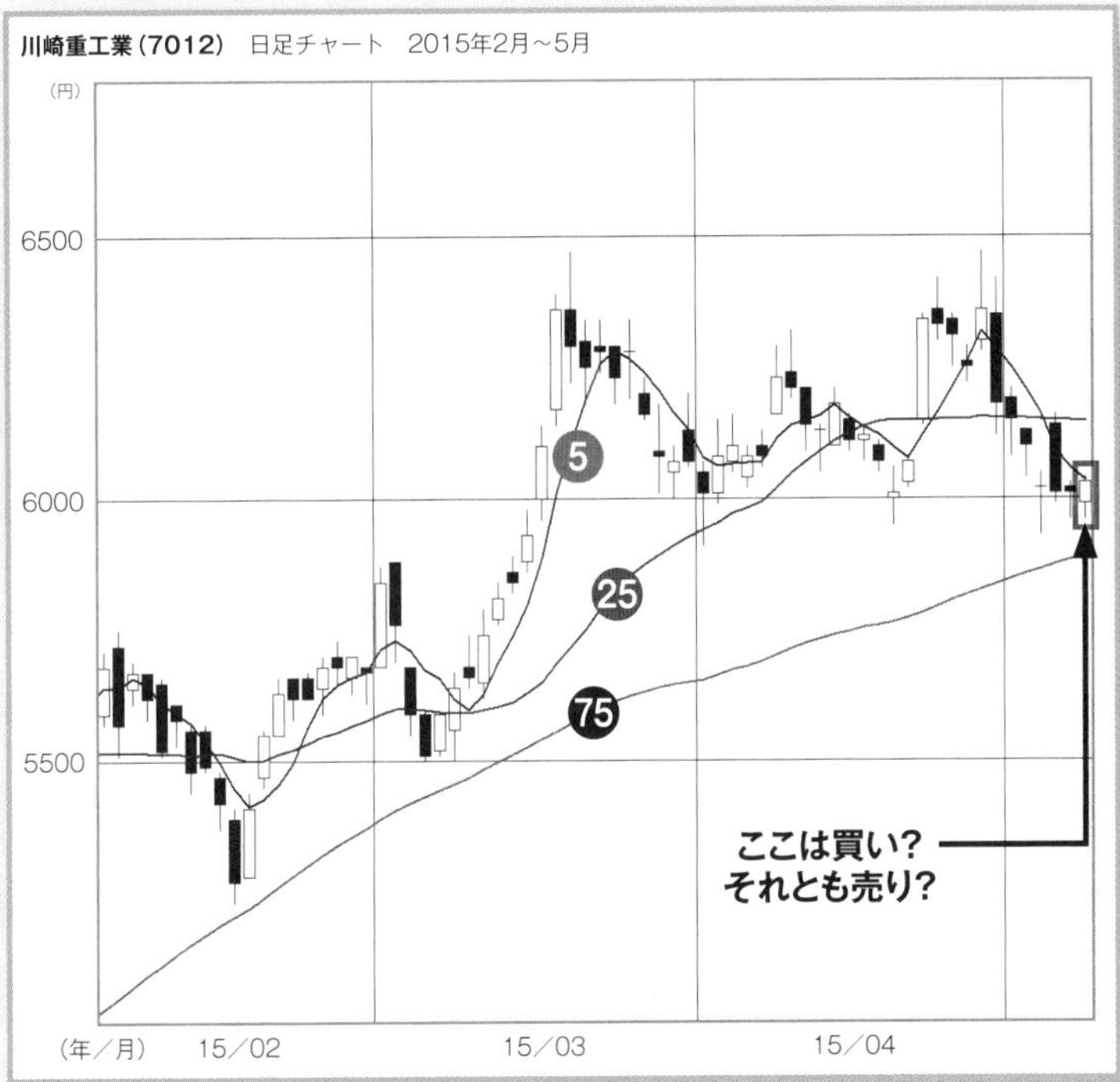

川崎重工業(7012) 日足チャート 2015年2月～5月
(円)
6500
6000
5500
5
25
75
ここは買い?
それとも売り?
(年/月)
15/02
15/03
15/04

ヒント

これまで見てきた株価の目印など4つのシグナルが重なっています。「買いか売りか」だけでなく、「なぜか?」も自分なりにちゃんと考えることがとても大切です。

A こうだった

新値更新5日ドリル② ANSWER

レンジ下限、安値、キリのいい株価、新値更新5日の術から見ても買い！

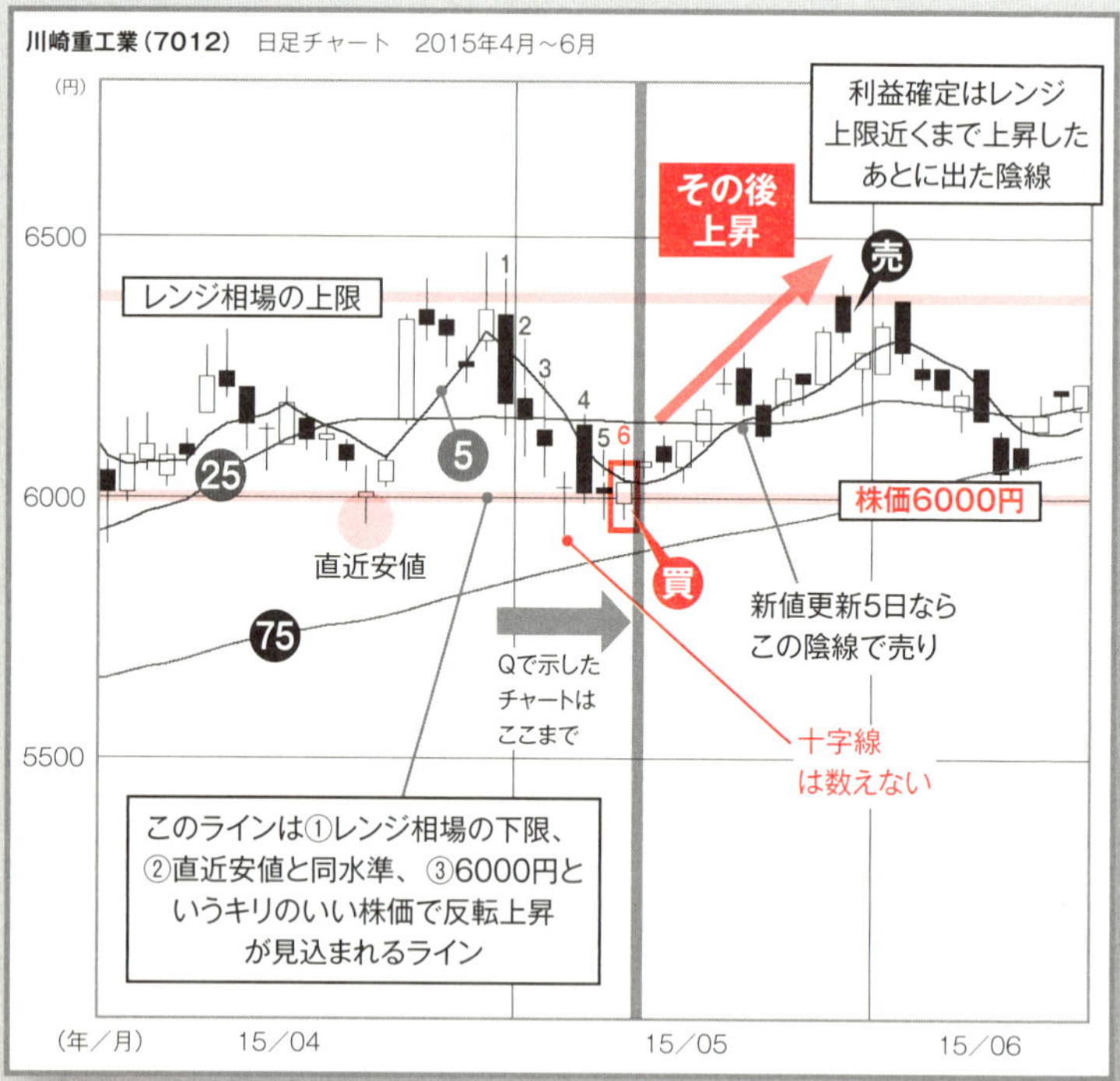
川崎重工業（7012） 日足チャート 2015年4月～6月
（円）
6500
6000
5500
（年／月）
15／04
15／05
15／06
利益確定はレンジ上限近くまで上昇したあとに出た陰線
その後上昇
売
レンジ相場の上限
1
2
3
4
5
6
25
5
株価6000円
直近安値
買
75
新値更新5日ならこの陰線で売り
Qで示したチャートはここまで
十字線は数えない
このラインは①レンジ相場の下限、②直近安値と同水準、③6000円というキリのいい株価で反転上昇が見込まれるライン

ポイント

レンジ相場の下限、直近安値や株価6000円ちょうどで下げ止まって反発と、シグナルが3つも重なっています。おまけに陰線が5本続いたあとに出た陽線で、新値更新5日の術から見ても「買い」でした。

「株価は3カ月周期で動く」の法則

株価の値動きを示したチャートの「縦軸は価格」ですが、「**横軸は時間**」。つまり、株価そのものだけではなく、時間も株価の値動きになんらかの影響を与えているはずです。

よくいわれるのは、「**6カ月周期**」で株価のトレンドは変化しやすいというもの。カラ売りに使う**制度信用取引で売買したポジションは6カ月以内に決済しないといけない（信用期日）**ことも影響しているようです。

僕自身、6カ月という周期は重要視しています。たとえば、上昇トレンドや下降トレンドが6カ月以上続くと、トレンドに乗って儲けた投資家による利益確定が出て、トレンド転換が起こりやすくなります。

6カ月以上に僕が注目しているのは、その半分の「**3カ月**」です。トレンドが出ている相場のときは「**6カ月上昇して3カ月下落する**」、その反対に「**6カ月下落して3カ月上昇**」という周期がよく見られます。

さらに、**3カ月がよく効くのは横ばい相場のとき**です。株価の上昇が止まって高値圏でもみ合い相場を形成しているような場合、その**横ばいが3カ月以上続くと、株価は下もしくは上にブレイクして新たな展開が始まることが多い**のです。反対に大底圏で横ばい相場が3カ月以上続くと、上昇トレンドにつながるような反転上昇が起こりやすくなります。

この「**横ばい相場の寿命は3カ月**」説は法則にしてしまってもいいぐらいなので、目印として覚えておいてください。

もちろん、どんな目印にも〝絶対〟はありません。必ず3カ月や6カ月で値動きに変化が出ると保証することはできません。あくまで「高値・安値」「キリのいい株価」「もみもみゾーン」など、**縦軸の株価に出たほかの目印とセットで見て、初めて威力を発揮**するのが「周期」という目印の特徴です。

チャートを見るときは、ぜひ**3カ月、6カ月という周期に注目**してみてください。横軸の時間にも自然と注意を払えるようになると、株価の未来予測の幅も広がるはずです。では、3カ月周期のドリルに挑戦してください。

予想しよう

3カ月周期ドリル① QUESTION

図の一番右の陰線は買い? 売り? 理由も一緒に答えてください。

川崎重工業(7012) 日足チャート 2015年2月~6月

ヒント

6000円~6400円の価格帯で横ばい相場が続いていますが、どれだけの期間、続いてきたか、チャートの横軸の時間に注目してください。5日線の動きも参考になります。

こう
だった

3カ月周期ドリル① ANSWER

横ばいが続いて3カ月という周期や5日線下落から見て売りが正解。

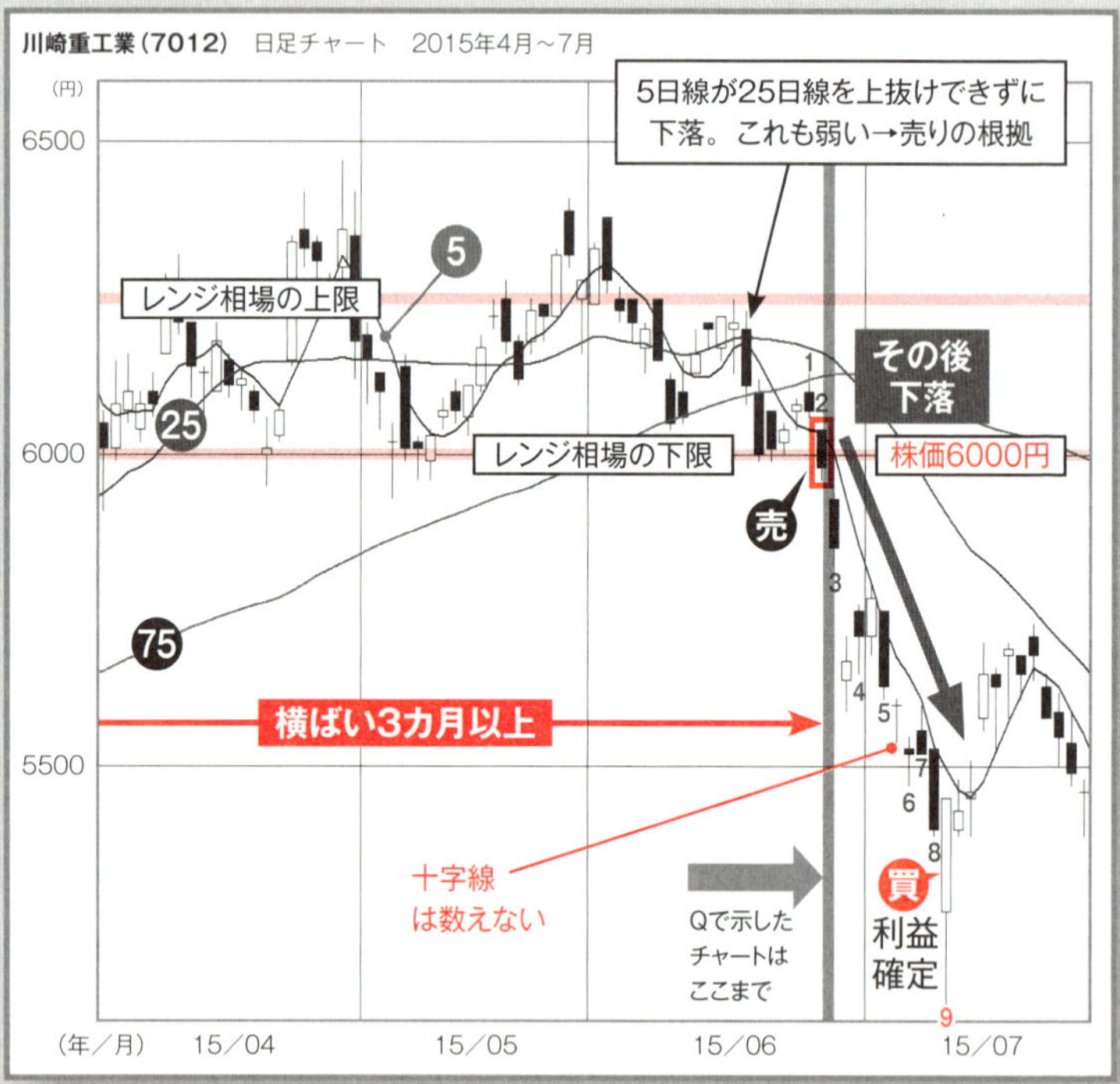

川崎重工業(7012) 日足チャート 2015年4月〜7月
(円)
6500
6000
5500
5日線が25日線を上抜けできずに下落。これも弱い→売りの根拠
レンジ相場の上限
レンジ相場の下限
5
25
75
その後下落
株価6000円
売
横ばい3カ月以上
十字線は数えない
Qで示したチャートはここまで
買
利益確定
1
2
3
4
5
6
7
8
9
(年/月) 15/04 15/05 15/06 15/07

ポイント

「横ばい相場の寿命は3カ月」という経験則から見て、そろそろ横ばい相場の下限を割り込んで下落してもいい時期。直前に5日線が25日線を越えられなかったのも売りの根拠です。利益確定は新値更新8本後の翌日に出た陽線で。

予想しよう

3カ月周期ドリル② QUESTION

上昇トレンドが続いてきましたが一番右の陰線は買い？ 売り？

京セラ（6971） 日足チャート 2018年12月～2019年7月

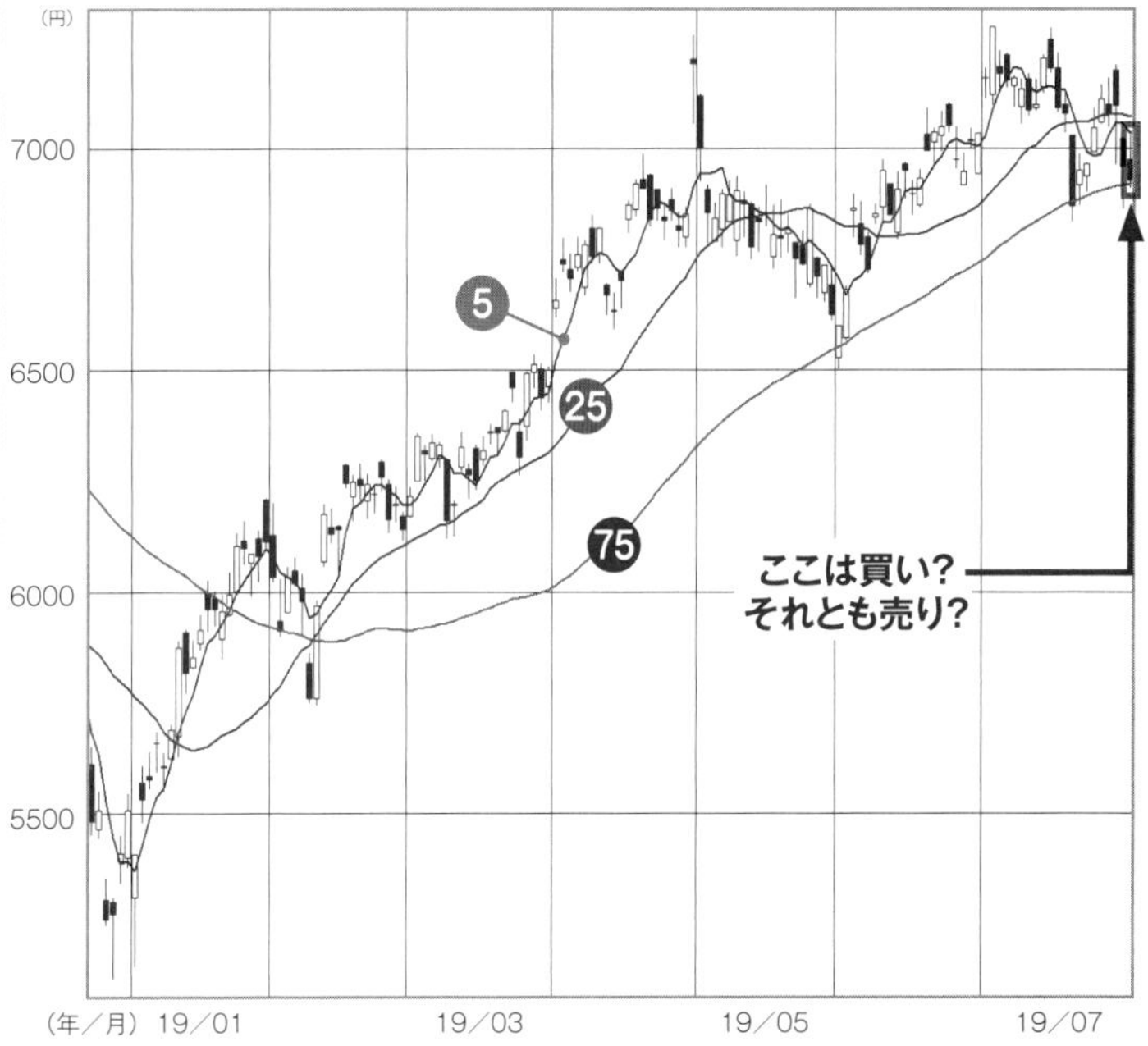

（円）
7000
6500
6000
5500
5
25
75
ここは買い？
それとも売り？
（年／月） 19／01
19／03
19／05
19／07

ヒント

上昇トレンドの期間に注目しましょう。上昇の過程で75日線まで下がった回数のほか、キリのいい株価、5日線にも注目です。買いか売りか、その理由もあわせて考えましょう。

こうだった A

3カ月周期ドリル② ANSWER

上昇トレンドが始まって6カ月以上、75日線までの下落3度目なので売り。

京セラ（6971） 日足チャート 2019年1月～9月

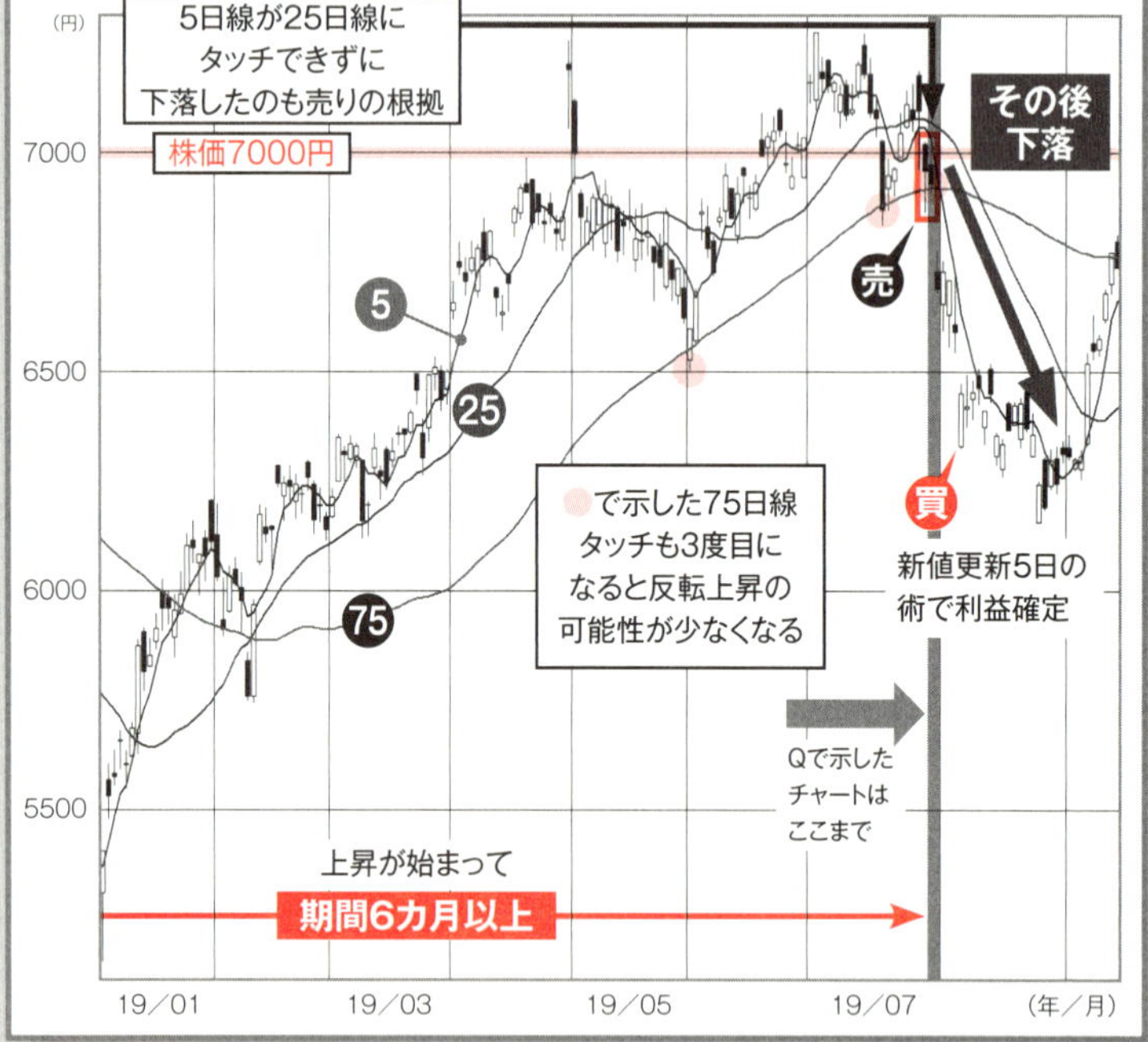

(円)
5日線が25日線に
タッチできずに
下落したのも売りの根拠
株価7000円
その後
下落
7000
6500
6000
5500
5
25
75
売
買
で示した75日線
タッチも3度目に
なると反転上昇の
可能性が少なくなる
新値更新5日の
術で利益確定
Qで示した
チャートは
ここまで
上昇が始まって
期間6カ月以上
19／01
19／03
19／05
19／07
(年／月)

ポイント

上昇が始まって7カ月目。「上昇トレンドも6カ月で一区切り」という経験則や75日線までの下落が3度目、株価7000円を突破できず、5日線の弱い動きなど複数の目印が重なっています。

第5章

応用ドリルで目指せ1億円

「けいくんの秘技」を利用して徹底的に稼ぐ!!

「なにもしないタイム」こそドリルで学ぼう

「**休む相場**」は、僕が一番好きな投資格言です。株式投資ではポジションをとっていてもとっていなくても、「**なにもしないタイム**」が本当に重要です。

カジノ場でもパチンコ屋でも、ずっとギャンブルをし続けている人に大勝ちしている人は少ないと思います。株式投資をギャンブルにしないためにも、**初心者のうちからしっかり「休む練習」をする必要がある**、とつくづく思います。

株式投資というと、連戦連勝で勝ち続けるデイトレーダーをイメージしている人も多いようですが、毎日毎日、リスク満載の市場でトレードを繰り返して、本当に利益を上げ続けることができる人はそんなにたくさんいません。

株式投資の技術をしっかり習得して、持続的に何十年も利益を上げることを目指すなら、「自分の勝ちパターンはこれだ！」という売買タイミングやトレード手法を2つか3つしっかり見つけて、**その勝ちパターンに当てはまらないときは投資しない**ほうがいいのです。

季節的にいうと、**クリスマス休暇からお正月までの年末年始**は市場から投資家が次々といなくなって、出来高が少なく、株価が変な動きをしやすい時期なので、取引はやめたほうがいいと思います。

次ページ以降に、けいくん式「なにもしない株カレンダー」を掲載しました。1年の中で、この時期には株式投資はしないほうがいい（少なくとも僕は取引しない）期間を掲載しましたので、参考にしてください。

決算発表だけでなく、米国の中央銀行ＦＲＢが金融政策を決める**ＦＯＭＣ（米国連邦公開市場委員会）**が開かれる日、米国の重要指標である**雇用統計**が発表される日なども、夜中にどんな値動きが起こるかわからないので、株は持ち越さないほうがいいでしょう。

最近は注目度が薄れていますが、**日銀の金融政策決定会合**が開かれる日も、取引は避けたほうがいいと思います。

僕らが本来、取引すべきなのは、休日やイベントなどによる**不確定要素があまり入り込まず、ごくごく日常的な株の取引が行われ、多くの銘柄がそれぞれ独自**

売買してもイレギュラーなことが起きやすい時期はさわらない

けいくん式　《2020〜2021年》

“なにもしない”株カレンダー

2020年 4月〜6月

4月 Apr

日	月	火	水	木	金	土
29	30	31	1	2	3	4
5	6	7	8	9	10	11
12	13	14	15	16	17	18
19	20	21	22	23	24	25
26	27	28	29 昭和の日	30	1	2

5月 May

日	月	火	水	木	金	土
26	27	28	29	30	1	2
3 憲法記念日	4 みどりの日	5 こどもの日	6 振替休日	7	8	9
10	11	12	13	14	15	16
17	18	19	20	21	22	23
24/31	25	26	27	28	29	30

6月 Jun

日	月	火	水	木	金	土
31	1	2	3	4	5	6
7	8	9	10	11	12	13
14	15	16	17	18	19	20
21	22	23	24	25	26	27
28	29	30	1	2	3	4

できれば
なにもしない
ゾーン

絶対
なにもしない
ゾーン

売買してもイレギュラーなことが起きやすい時期はさわらない

けいくん式 《2020～2021年》

“なにもしない”株カレンダー

2020年 7 月～ 9 月

7月 Jul

日	月	火	水	木	金	土
28	29	30	1	2	3	4
5	6	7	8	9	10	11
12	13	14	15	16	17	18
19	20	21	22	23 海の日	24 スポーツの日	25
26	27	28	29	30	31	1

8月 Aug

日	月	火	水	木	金	土
26	27	28	29	30	31	1
2	3	4	5	6	7	8
9	10 山の日	11	12	13	14	15
16	17	18	19	20	21	22
23 / 30	24 / 31	25	26	27	28	29

9月 Sep

日	月	火	水	木	金	土
30	31	1	2	3	4	5
6	7	8	9	10	11	12
13	14	15	16	17	18	19
20	21 敬老の日	22 秋分の日	23	24	25	26
27	28	29	30	1	2	3

売買してもイレギュラーなことが起きやすい時期はさわらない

けいくん式

“なにもしない”株カレンダー

《2020～2021年》

2020年10月～12月

10月 Oct

日	月	火	水	木	金	土
27	28	29	30	1	2	3
4	5	6	7	8	9	10
11	12	13	14	15	16	17
18	19	20	21	22	23	24
25	26	27	28	29	30	31

11月 Nov

日	月	火	水	木	金	土
1	2	3 文化の日 米国大統領選挙	4	5	6	7
8	9	10	11	12	13	14
15	16	17	18	19	20	21
22	23 勤労感謝の日	24	25	26	27	28
29	30	1	2	3	4	5

12月 Dec

日	月	火	水	木	金	土
29	30	1	2	3	4	5
6	7	8	9	10	11	12
13	14	15	16	17	18	19
20	21	22	23	24	25	26
27	28	29	30	31	1	2

できれば
なにもしない
ゾーン

絶対
なにもしない
ゾーン

売買してもイレギュラーなことが起きやすい時期はさわらない

けいくん式

"なにもしない"株カレンダー 《2020～2021年》

2021年1月～3月

1月 Jan

日	月	火	水	木	金	土
27	28	29	30	31	1 元日	2
3	4	5	6	7	8	9
10	11 成人の日	12	13	14	15	16
17	18	19	20	21	22	23
24 / 31	25	26	27	28	29	30

2月 Feb

日	月	火	水	木	金	土
31	1	2	3	4	5	6
7	8	9	10	11 建国記念の日	12	13
14	15	16	17	18	19	20
21	22	23 天皇誕生日	24	25	26	27
28	1	2	3	4	5	6

3月 Mar

日	月	火	水	木	金	土
28	1	2	3	4	5	6
7	8	9	10	11	12	13
14	15	16	17	18	19	20 春分の日
21	22	23	24	25	26	27
28	29	30	31	1	2	3

のリズムで動いているとき。過去のチャートによる値動きの予測が当たりやすいのは、その会社の株価が外部環境に邪魔されず、銘柄特有の内部要因だけで値動きしているときだからです。

休む基準になるのは日時だけでなく、値動きに関しても同様です。「株価が短期間に20％以上、上昇したり下落したりした株は取引しない」というのが僕のルール。株価が20％も上昇するのを見たら、「買っていれば儲かったのに……」と思うかもしれませんが、その欲張りな気持ちこそ、持続性があって再現可能な株式投資には不要なものです。

相場が一方通行のときもアンタッチャブルですが、逆に横ばい相場が続いて株価が全然動かないときも取引すべきではありません。

移動平均線が狭いゾーンに集まって、ローソク足も陰線と陽線が交互に出るようなはっきりしない展開が続いているときは、取引してもスッキリ利益が出ずに微妙な負けが増えるだけ。「休むときはちゃんと休む」――これは本書で声を大にして訴えたいことです。なので、取引を休むためのドリルも作ってみました！

予想しよう

休むも相場ドリル① QUESTION

株価の急騰が続いています。一番右の陰線は買い？ それとも売り？

純パラジウム上場信託（1543） 日足チャート 2019年10月～2020年1月

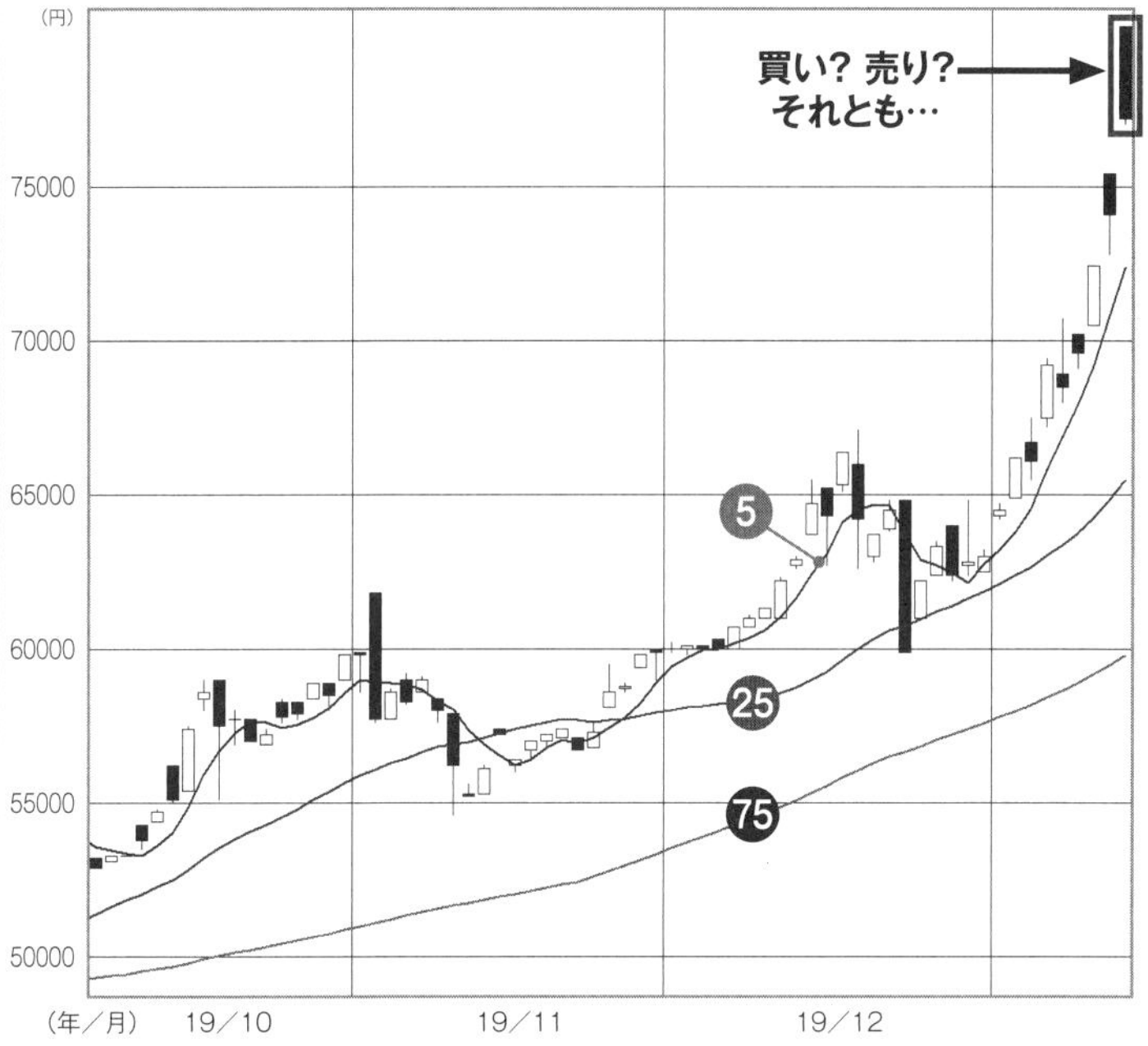

ヒント

上図は排ガス触媒に使われる商品・パラジウムに連動したETF（上場信託）です。環境意識の高まりで急騰していますが、さすがに上がり過ぎなので売りたくなります。しかし、けいくん式のルールでは？

こうなった

休むも相場ドリル① ANSWER

「20%以上、上昇しているものは取引しない」ルール発動で様子見。

純パラジウム上場信託（1543） 日足チャート 2019年10月～2020年2月

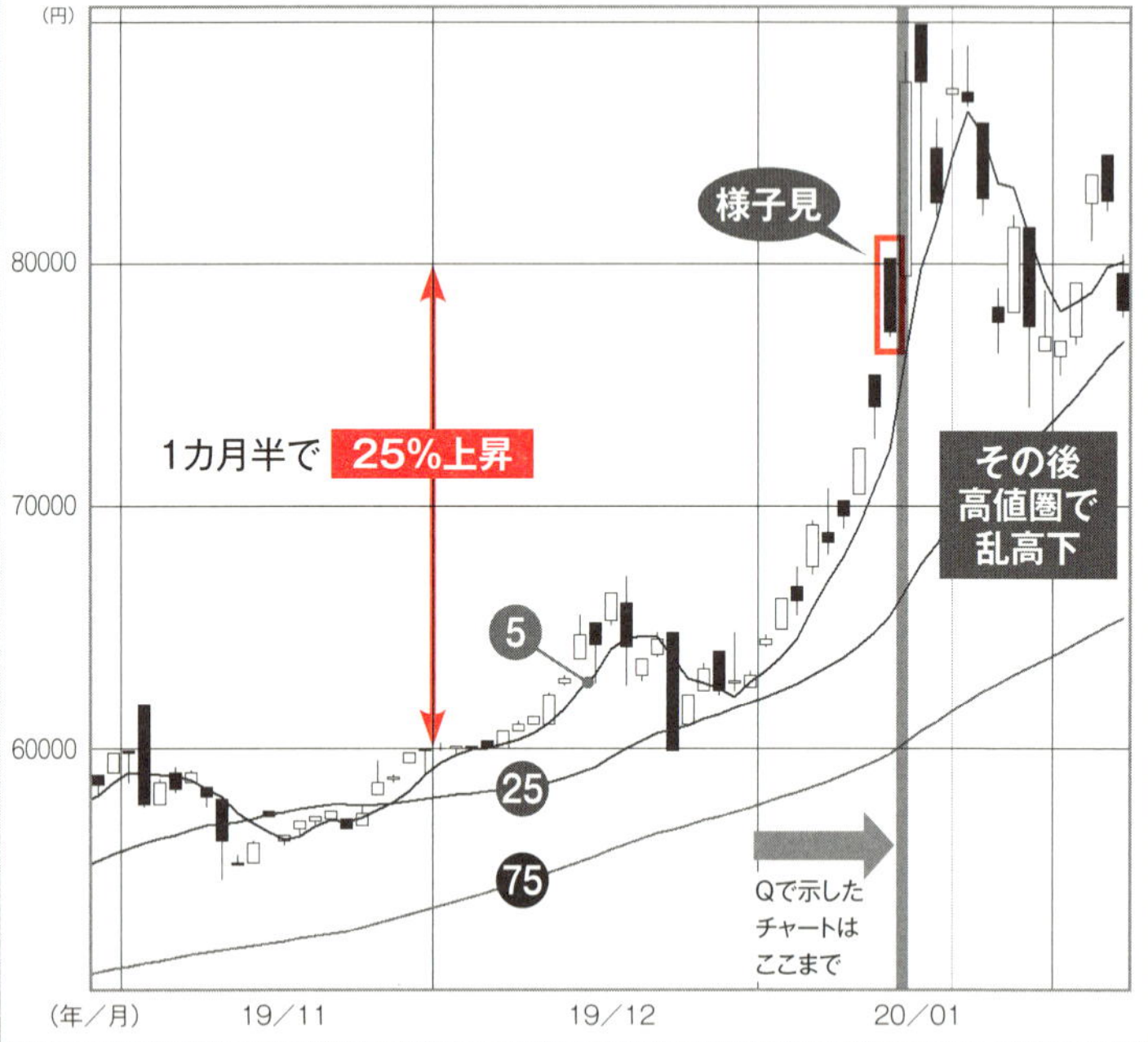

（円）
80000
70000
60000
1カ月半で 25%上昇
様子見
その後
高値圏で
乱高下
5
25
75
Qで示した
チャートは
ここまで
（年／月）
19／11
19／12
20／01

ポイント

急騰が続く銘柄を見ると、「上がり過ぎ」とカラ売りを入れたくなるもの。しかし、赤枠で囲った陰線からさらに上昇しているように、急騰中銘柄は予測不能。様子見すべきです。

探してみよう

休むも相場ドリル② QUESTION

このチャートの中で「ここは休んだほうがいい」というのはどこ？

日清製粉グループ本社（2002） 日足チャート 2018年10月～2019年6月

（円）
2600
2500
2400
2300
2200
5
25
75
（年／月）
18／11
19／01
19／03
19／05

ヒント

休むかどうかは移動平均線の傾きや並びを参考に決めましょう。特に25日線、75日線が横ばいでもつれ合っている局面は方向感がないという証拠になります。

ここ
だった

休むも相場ドリル② ANSWER

灰色のゾーンで示したところはできれば取引しないほうがいい。

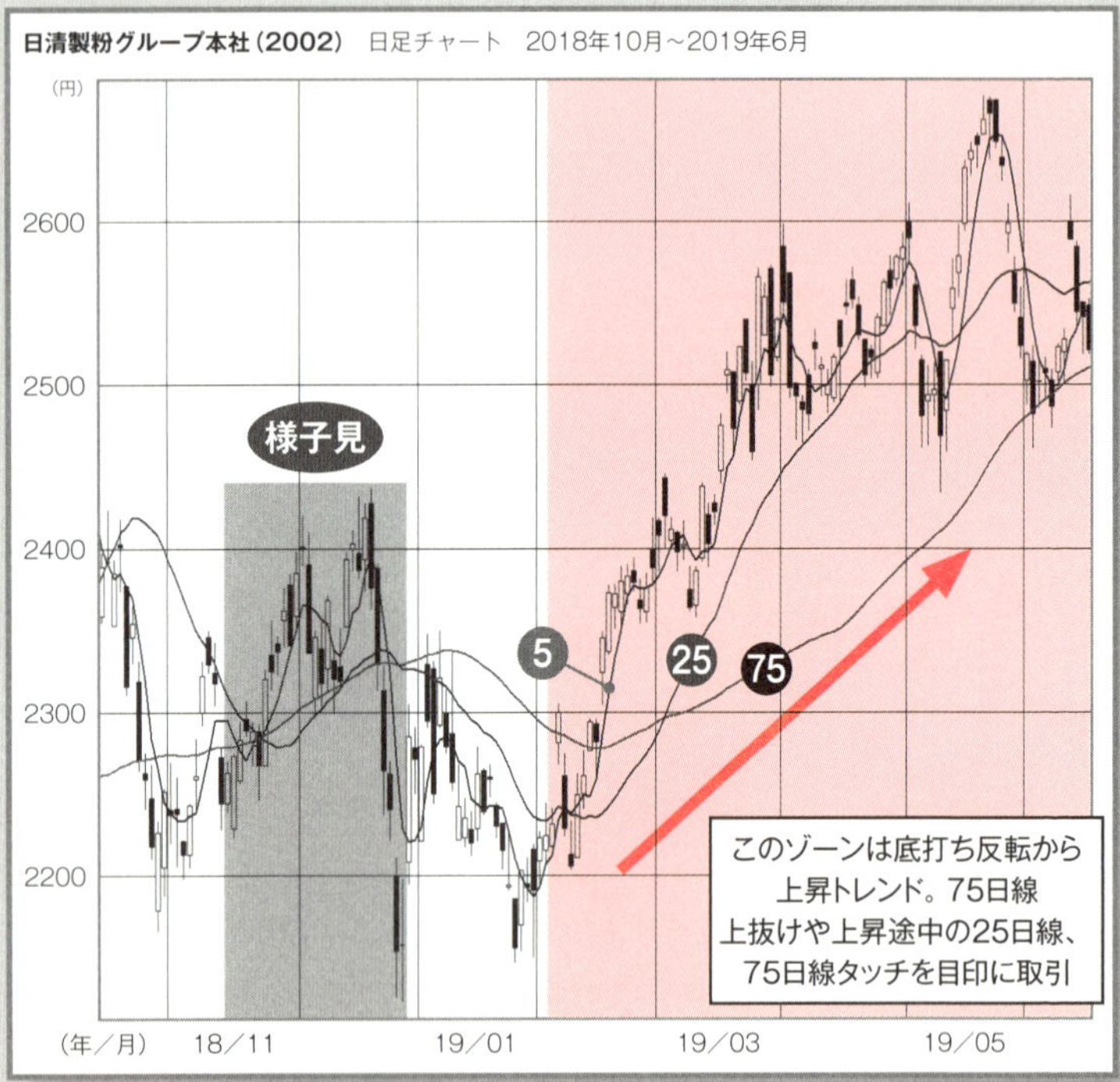
日清製粉グループ本社（2002） 日足チャート 2018年10月～2019年6月
（円）
2600
2500
2400
2300
2200
様子見
5
25
75
このゾーンは底打ち反転から
上昇トレンド。75日線
上抜けや上昇途中の25日線、
75日線タッチを目印に取引
（年／月）
18／11
19／01
19／03
19／05

ポイント

「自分の売買ルールと合わないところはすべてお休み」が基本。このチャートの中で探すなら、灰色のゾーンは底打ち反転しそうなのに急落するなど不安定です。25日線と75日線がもつれ合い、値動きが読みづらいのでパスしましょう。

「移動平均線折り返しの術」を究める

ここまでは株式投資で買いや売りのチャンスを見つけるための「目印」を単体で紹介しました。目印は単体よりも複数重なっているほうが強力な押し目買いや戻り売りのシグナルになります。

ここからは、けいくん式株式投資の「秘技」をドリルで紹介していきます。最初にご紹介するのが「**移動平均線折り返しの術**」です。

まずは買いの場合の手順を紹介すると、「**上昇トレンドが続いている中、株価が上向きの25日線や75日線まで下落して陰線でぶつかり、陽線で折り返したら、即座に買い**」。そのあと、陰線が出るか、3日間が経過したら、儲かっていようが損をしていようが、決済します。

売りの場合は、「**株価より上にある25日線や75日線に陽線でぶつかり、陰線で折り返したらカラ売り。そのあと陽線が出るか3日間が経過したら決済**」です。

この手法のいいところは非常にシンプルなこと。あまりにも簡単な手法ですか

図5-1 移動平均線折り返しの術の具体例

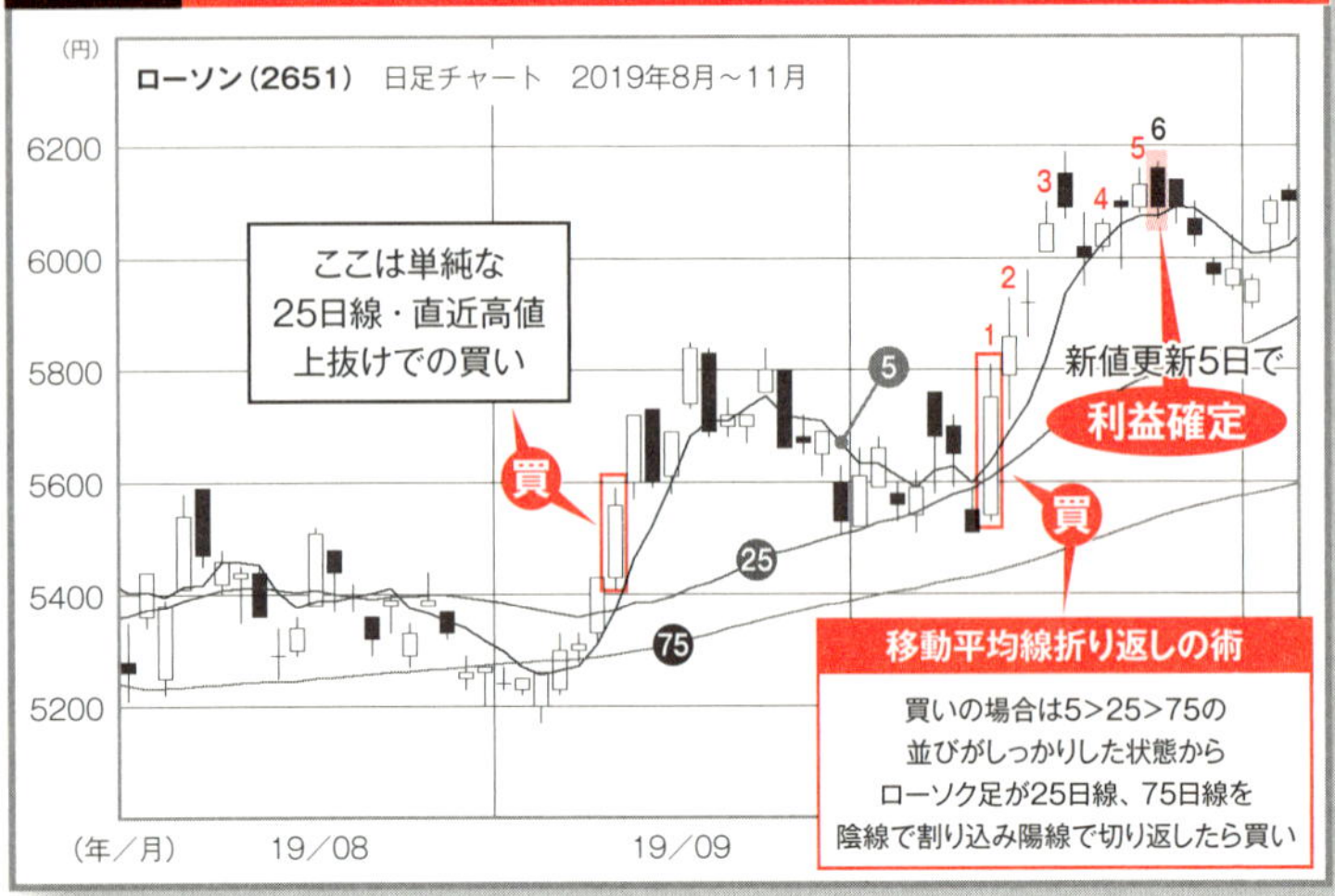
(円)
ローソン(2651) 日足チャート 2019年8月～11月
6200
6000
5800
5600
5400
5200
ここは単純な
25日線・直近高値
上抜けでの買い
買
買
1
2
3
4
5
6
5
25
75
新値更新5日で
利益確定
移動平均線折り返しの術
買いの場合は5>25>75の
並びがしっかりした状態から
ローソク足が25日線、75日線を
陰線で割り込み陽線で切り返したら買い
(年／月)
19／08
19／09

ら、僕は「移動平均線折り返し」を「**初手**」と名づけているぐらいです。

注意点を1つ。〝買いの形〟は、移動平均線が強い上昇トレンドを示す5日線＞25日線＞75日線の順ではっきり並んでいて、しかも**中期の25日線、長期の75日線が適当な間隔を空けて、ほぼ平行して同じ角度で上がっていること**です。

25日線や75日線の傾きが横ばいに近く、互いに距離が近くて、もつれ合うような形になっているときは勢いがなく、勝率が低くなります。

この秘技の本質は、**株価がトレンドに逆らってみたものの、移動平均線に跳ね**

返されて勢いよく元のトレンド方向に戻っていく〝初動〟を取りに行くことです。そのため、トレンド自体が弱いと戻りの強さもさほど期待できず、思ったような成果が上がりません。

複数のシグナル点灯で勝率アップ

この手法の勝率は、単体だとおよそ6~7割程度でしょうか。しかし、ほかの目印も重なっていると、より強く、勝率も格段にアップします。

たとえば、「25日線を陰線で抜けて、翌日、陽線で折り返す」ときの陰線が、ちょうど下落が始まって新値更新5日目以降の陰線で、その翌日に大陽線で折り返していれば、「**移動平均線折り返し＋新値更新5日**」という2つのシグナルが重なっていることになるので、上昇確率が高くなります。

折り返した地点が１００円とか５００円などの「キリのいい株価」だったり、ちょうどそのあたりに、「過去の高値や安値ライン」があって支持帯・抵抗帯として機能しているなど、**さまざまな目印が複合的に重なりあっていれば、勝率を8**

割、9割……と引き上げられます。できるだけ多くのシグナルが重なるチャンスを狙いましょう。

勝率アップの第2の注目点は、**移動平均線の傾き**です。**上昇なら急角度の上向き、下降なら急角度の下向き**のほうが強いトレンドなので、ぶつかってきたローソク足を跳ね返す力も当然、強くなります。

トレンドがまだ若く新鮮なときのほうが、トレンド方向に回帰する株価の反発力も勢いが増します。

上昇・下降いずれの場合も、**トレンドが始まって、最初に起こった移動平均線折り返し**が最も勝率が高いというわけです。

逆に、ローソク足がすでに何度も移動平均線にぶつかって折り返して……を繰り返していると、徐々にトレンドの力も衰退していきます。

ぶつかって折り返したはいいが、また移動平均線を陰線で抜けてしまい、トレンド転換してしまった……というケースも多発します。

それでは移動平均線折り返しのドリルを解いてみましょう！

探してみよう

移動平均線折り返しドリル① QUESTION

移動平均線折り返しの術で買えるのはどこ？ 買う理由とともに考えて。

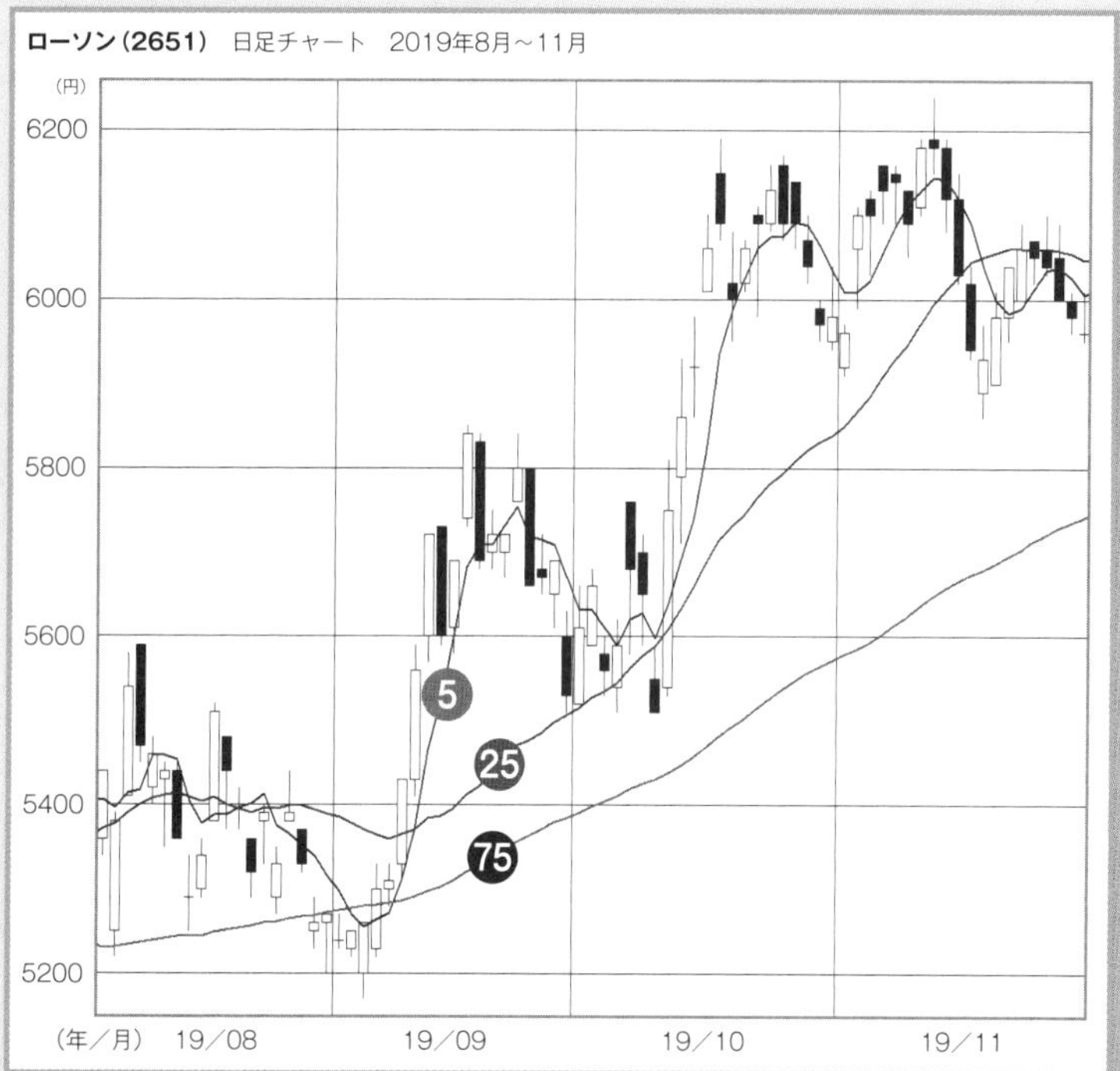

ローソン（2651） 日足チャート 2019年8月～11月
（円）
6200
6000
5800
5600
5400
5200
5
25
75
（年／月） 19／08
19／09
19／10
19／11

ヒント

移動平均線の並びが5日線＞25日線＞75日線のとき、ローソク足が25日線や75日線に上から下にタッチして折り返しているところは？ その場所には移動平均線折り返しの術以外にも買う理由が2つあります。

移動平均線折り返しドリル① ANSWER

ここだった A

Aの25日線折り返しで買い。過去の高値5600円突破も買い材料に。

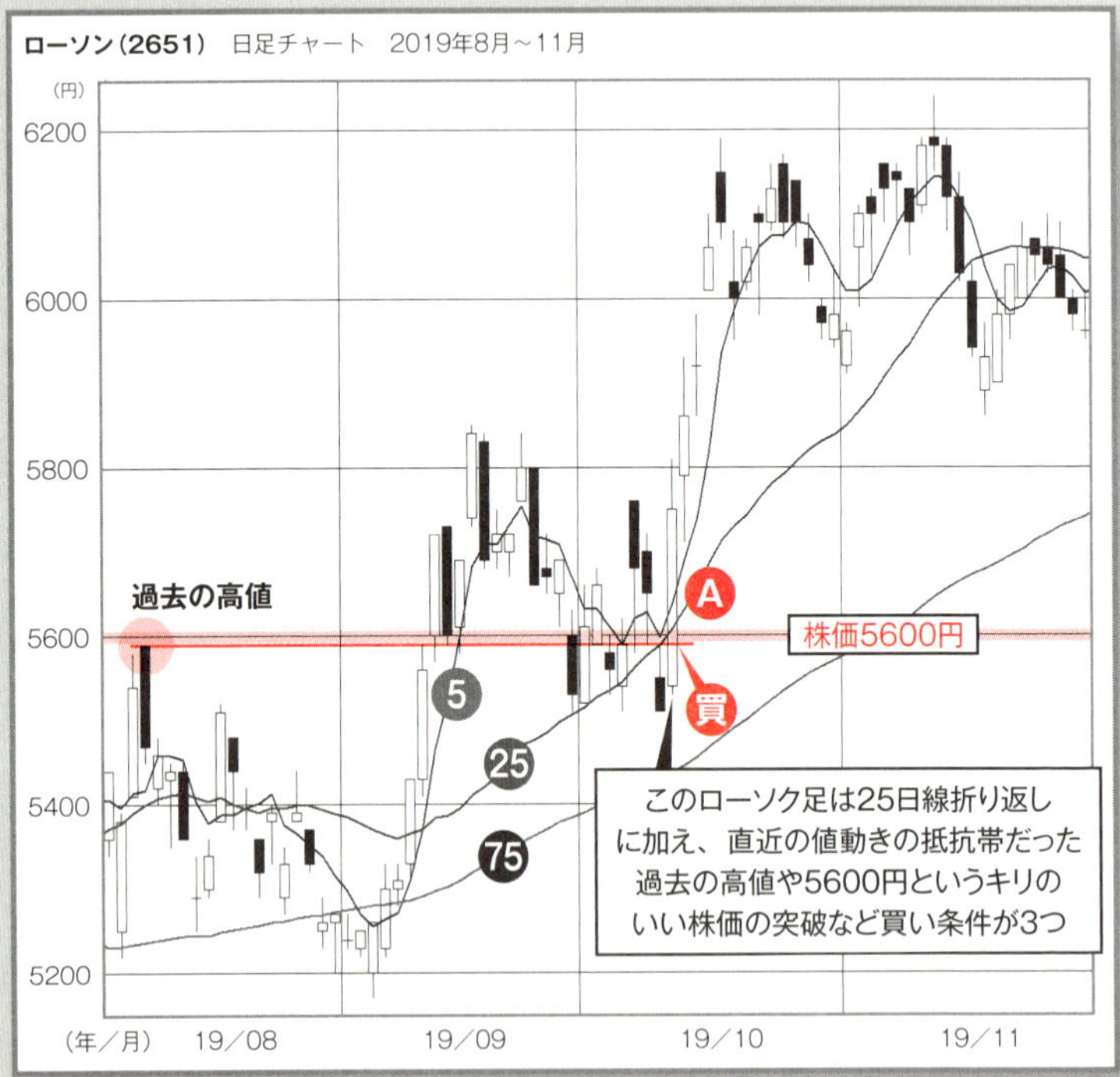

ローソン（2651） 日足チャート 2019年8月～11月
（円）
6200
6000
5800
5600
5400
5200
過去の高値
A
株価5600円
買
5
25
75
このローソク足は25日線折り返しに加え、直近の値動きの抵抗帯だった過去の高値や5600円というキリのいい株価の突破など買い条件が3つ
（年／月）
19／08
19／09
19／10
19／11

ポイント

上昇トレンド中に陰線で25日線を割り込んだあとに出た陽線Aが、移動平均線折り返しの典型的な買いポイント。「過去の高値5600円を上に抜けた」地点でもあり、しかもその5600円が「キリのいい株価」ということも上昇を後押し。

探して
みよう

移動平均線折り返しドリル② QUESTION

移動平均線折り返しでカラ売りできるのはどこ? ほかの理由も考えて。

楽天(4755) 日足チャート 2019年7月～11月

ヒント

移動平均線の並びが75日線>25日線>5日線のとき、ローソク足が25日線や75日線に下から上にタッチして折り返しているところは? その場所には移動平均線折り返しの術以外にも買う理由があるので考えてみましょう。

ここ
だった

移動平均線折り返しドリル② ANSWER

下落中の陽線突破はカラ売りで正解。75日線の角度、直近高値も売り材料。

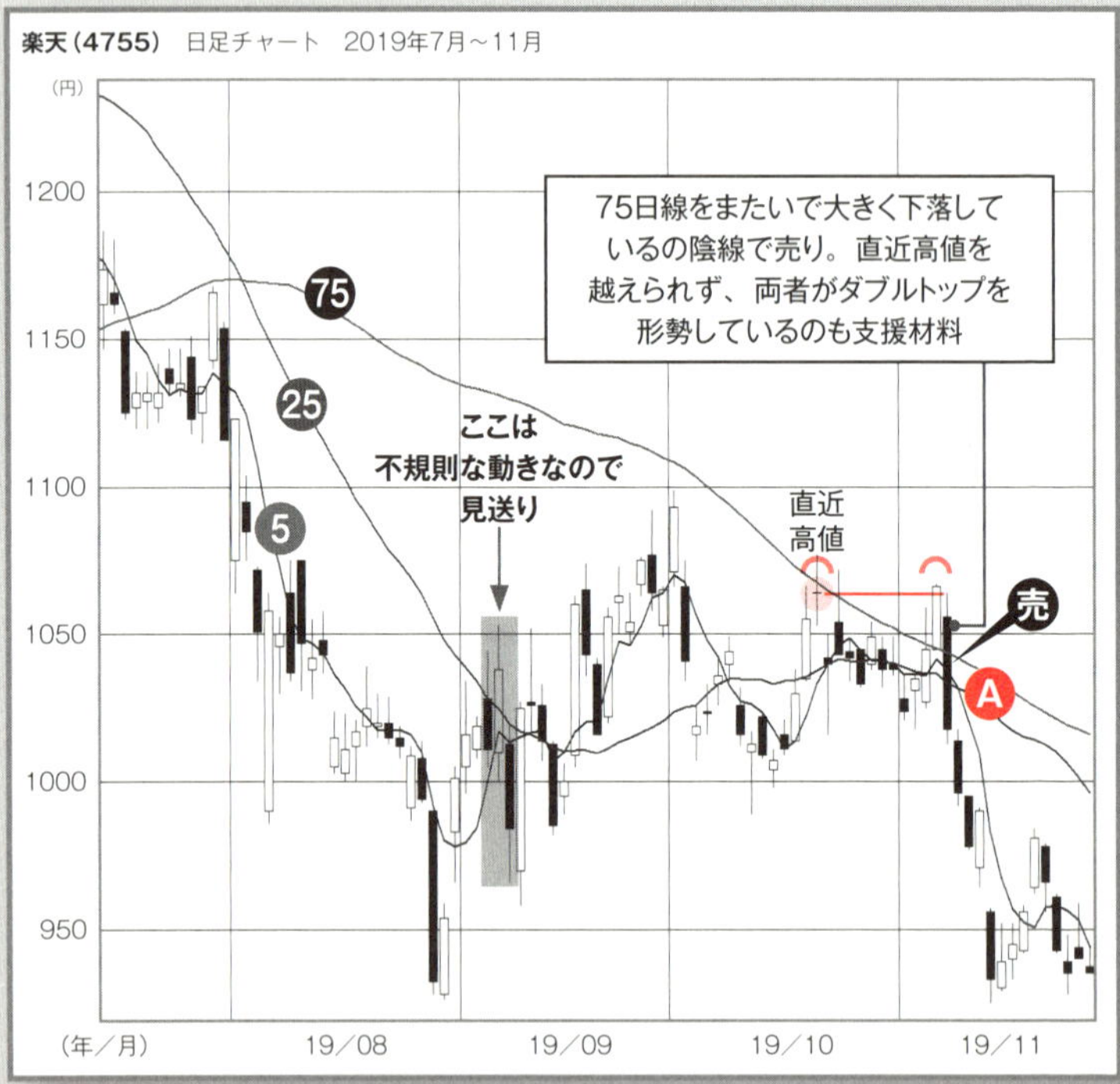

楽天（4755） 日足チャート 2019年7月～11月
(円)
1200
1150
1100
1050
1000
950
75
25
5
ここは
不規則な動きなので
見送り
75日線をまたいで大きく下落しているの陰線で売り。直近高値を越えられず、両者がダブルトップを形勢しているのも支援材料
直近
高値
売
A
(年／月)
19／08
19／09
19／10
19／11

ポイント

下降トレンド中に陽線で75日線を突破し、大陰線で切り返す典型例がAの地点。75日線が急角度の下向き＝下降の力が強いことや、直近高値を越えられなかったことも売りの根拠になります。

予想しよう

移動平均線折り返しドリル③　QUESTION

このあと上がる？ 下がる？ 移動平均線の並びとローソク足に注目。

資生堂（4911）　日足チャート　2019年4月～7月

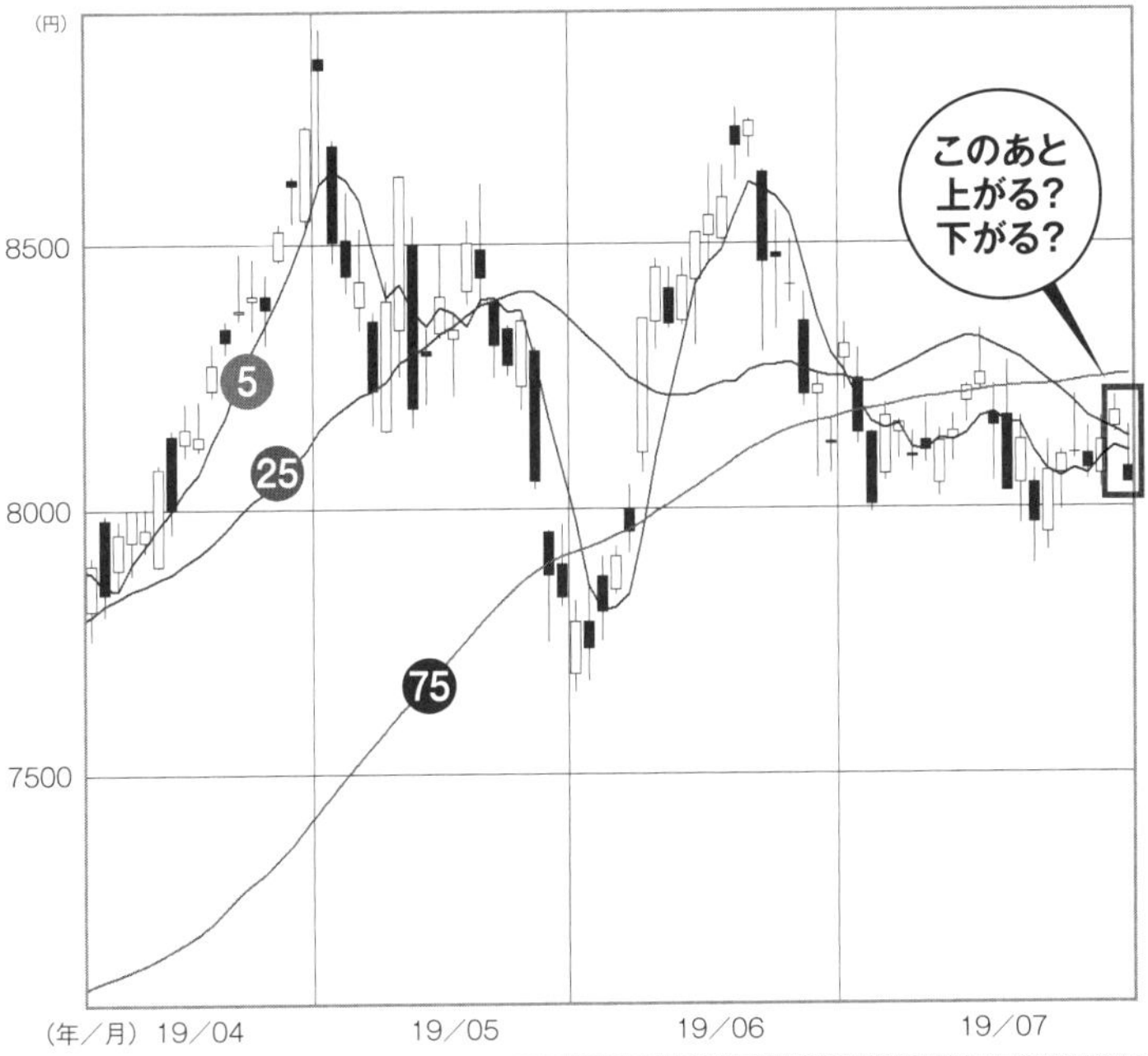
(円)
8500
8000
7500
5
25
75
このあと
上がる？
下がる？
(年／月) 19／04
19／05
19／06
19／07

ヒント

上昇が続いていましたが、2度の高値をつけたあと、横ばい推移。しかし移動平均線の並びを見るとすでに75日線>25日線>5日線になっています。一番右端のローソク足2本を見ると……？

こうなった A

移動平均線折り返しドリル③　ANSWER

75日線>25日線>5日線の並び完成直後の切り返しで下がる。

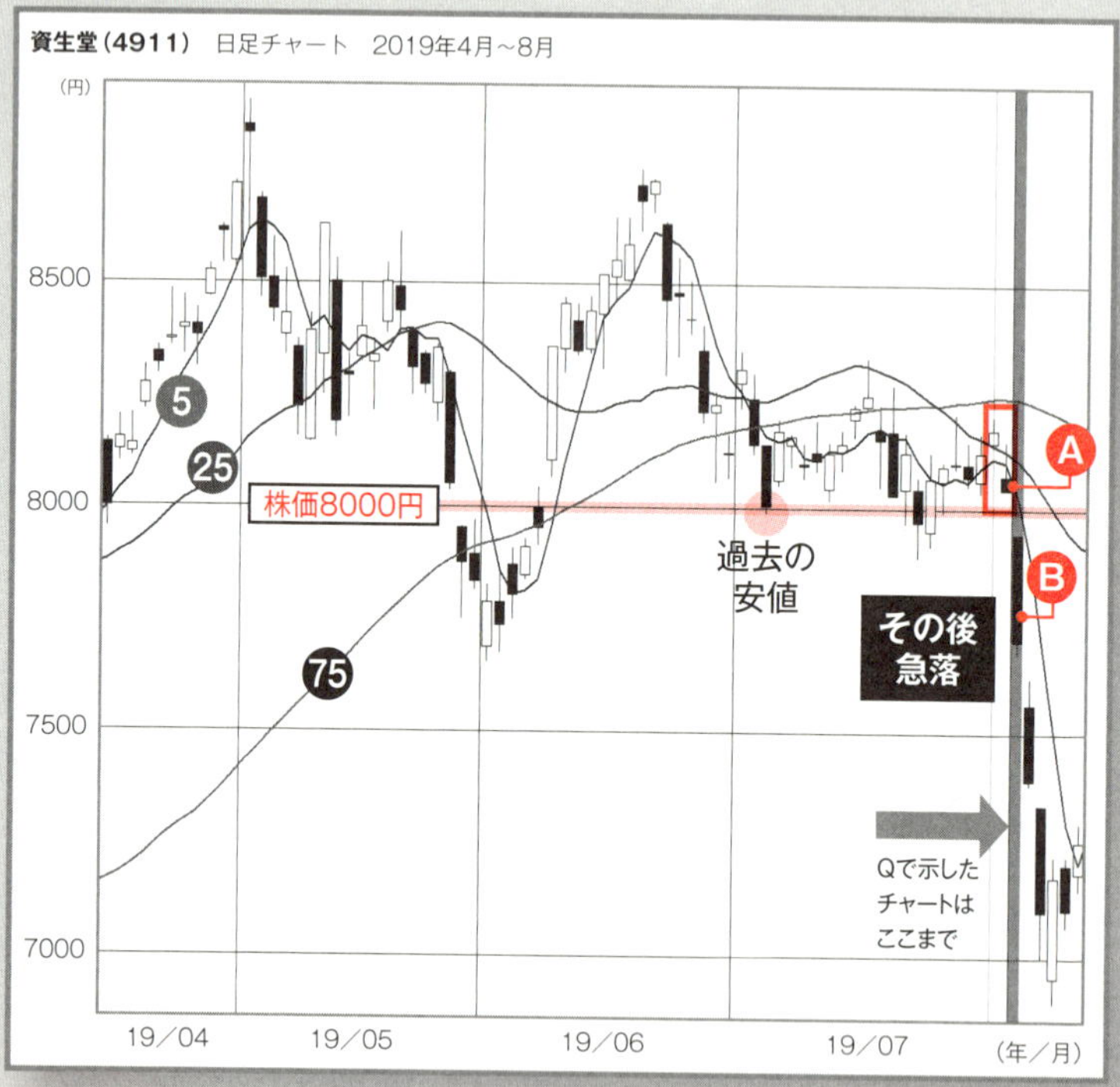

資生堂（4911）　日足チャート　2019年4月～8月
（円）
8500
8000
7500
7000
5
25
75
株価8000円
過去の安値
A
B
その後急落
Qで示したチャートはここまで
19／04
19／05
19／06
19／07
（年／月）

ポイント

移動平均線折り返しはトレンド相場が続くシグナルなので、トレンド転換につながるこの例は応用編といえるでしょう。しかし陰線Aの次に、株価8000円を下回った陰線Bでは確実に売りを入れたいところです。

希少な「3カ月以上ぶりの長期線タッチ」

「移動平均線折り返しの術」では、中期の25日線だけでなく、**長期の75日線へのタッチ**もシグナル点灯とみなしてOKです。

そもそも、上昇でも下落でも強いトレンドが続いているとき、株価のローソク足は過去75日の終値の平均値からどんどん離れていくことになるので、両者が接触することはありません。

それなのに75日線にタッチしたということは、「これまで順調だったトレンドが急に崩れて、トレンド転換が起こるかもしれない場面」といえます。

その意味では用心する必要もあるわけですが、**75日線が上昇トレンドできれいな右肩上がり（下降トレンドなら美しい右肩下がり）をキープ**し続けているときは、そんなに〝やわ〟に崩れることはありません。

いったん長期線にタッチしたとしても、1度はトレンド方向に反転して〝モトサヤ〟におさまることが非常に多いのです。この〝1度はトレンド方向に反転する動き〟を取りに行きましょう。

移動平均線折り返しの術では、**タッチするまでの期間**も大切です。ローソク足と75日線が長期間、接触しなかったということは、その間、強いトレンドが続いていたということです。前回タッチしてから、今回のタッチまでの期間が長ければ長いほど、ファーストタッチ後にはいったんトレンド方向へ回帰しやすい傾向があります。

そこで僕が編み出したワザ、それが「**3カ月以上ぶりの長期移動平均線（75日線）タッチ**」です。

先ほど見た「移動平均線折り返し」でタッチした移動平均線が75日線で、しかもそのタッチが3カ月以上ぶりの場合、トレンド方向にいったん回帰する確率が非常に高くなります。

「3カ月ぶりの長期線タッチ」は1銘柄で1年に1度あるかないかという希少なシグナルになりますが、精度も高く、初心者の方でも非常に見つけやすいもの。

まずはドリルで覚えて、実践でも探してみてください。

予想しよう

3カ月ぶりの長期線タッチドリル①　QUESTION

ゆるやかな下落基調で75日線にタッチ。このあとの株価は？

東洋製罐グループホールディングス(5901)　日足チャート　2018年8月〜12月

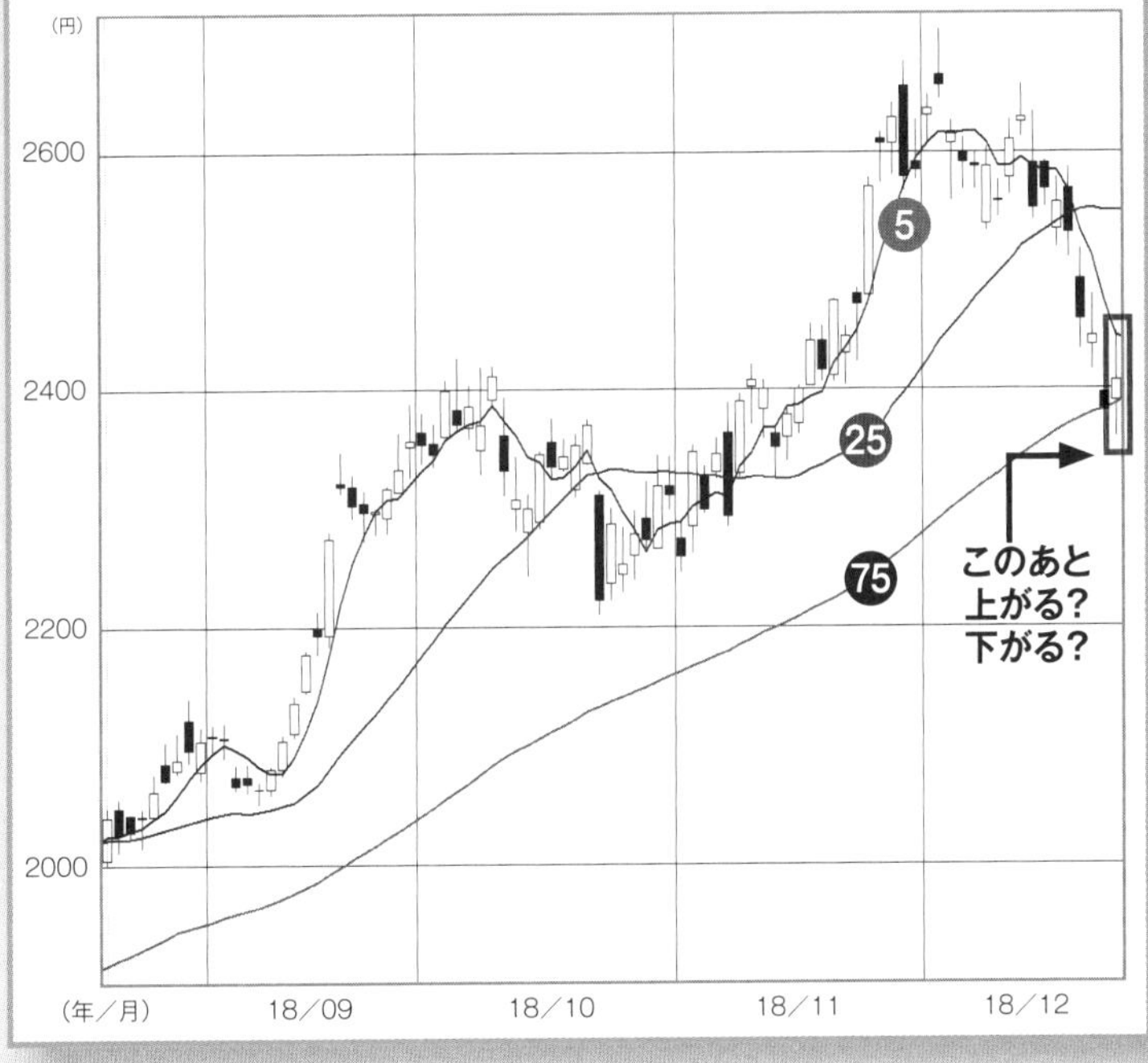

ヒント

上昇トレンドが横ばいから下落し、75日線にタッチ。チャートを見る限り、ここ3カ月以上、ローソク足は75日線にタッチしていないことに加え、11月半ば以降の移動平均線は5日線、25日線、75日線の順で並んでいます。ということは？

こうなった

3カ月ぶりの長期線タッチドリル① ANSWER

上がるが正解！ すぐに窓を空けて「モトサヤ」状態の上昇トレンドに。

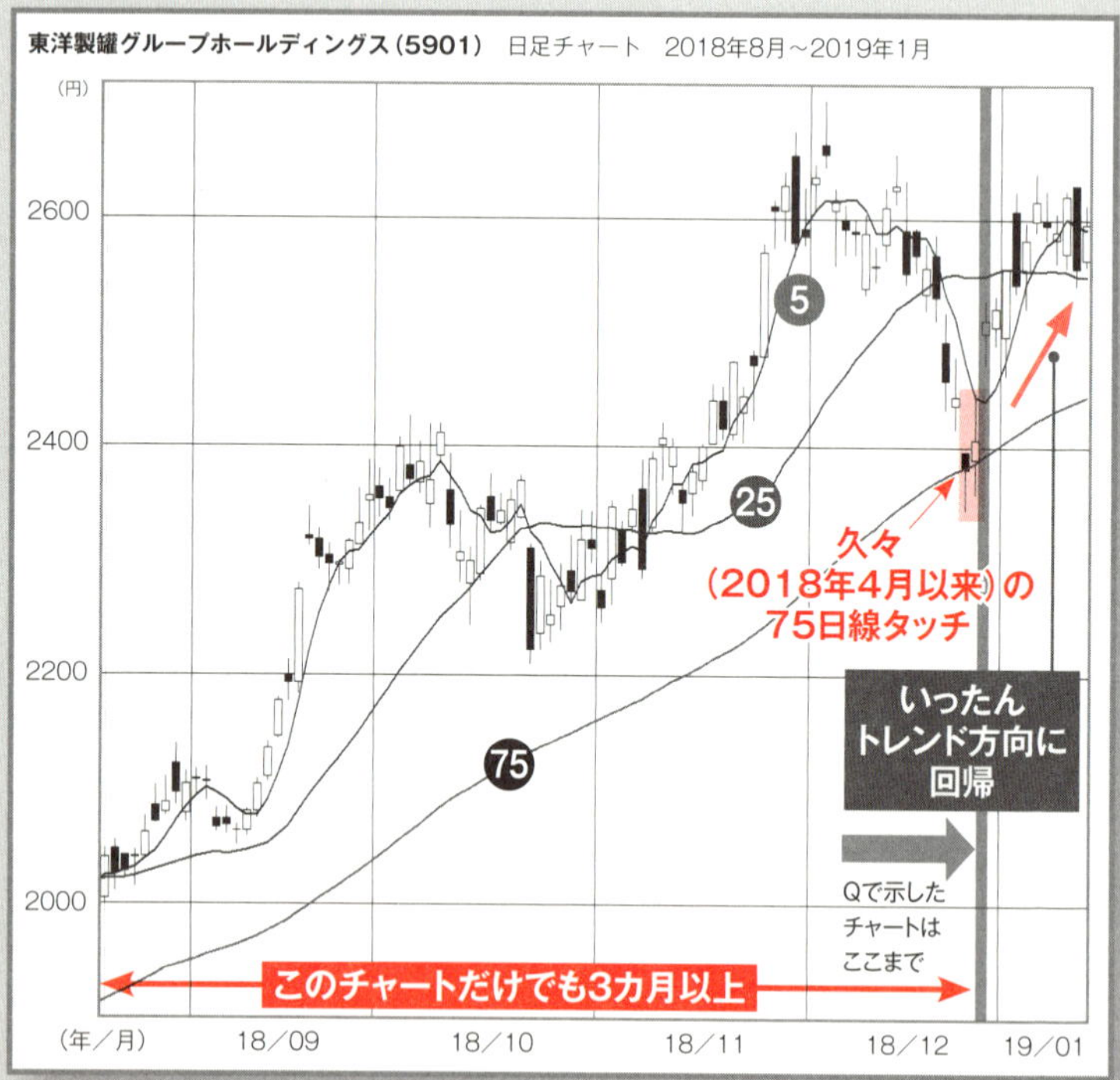

東洋製罐グループホールディングス（5901） 日足チャート 2018年8月～2019年1月
（円）
2600
2400
2200
2000
5
25
75
久々
（2018年4月以来）の
75日線タッチ
いったん
トレンド方向に
回帰
Qで示した
チャートは
ここまで
このチャートだけでも3カ月以上
（年／月）
18／09
18／10
18／11
18／12
19／01

ポイント

このチャートには表示しきれませんでしたが、実は3カ月ぶりどころか、2018年4月以来、つまり8カ月ぶりの75日線タッチでしたので、そう簡単にトレンドは崩れませんでした。この法則は「久々」の期間が長いほど勝率がアップします。

予想しよう

3カ月ぶりの長期線タッチドリル② QUESTION

このあと上がる？ 下がる？ またチャート上で買えるところは？

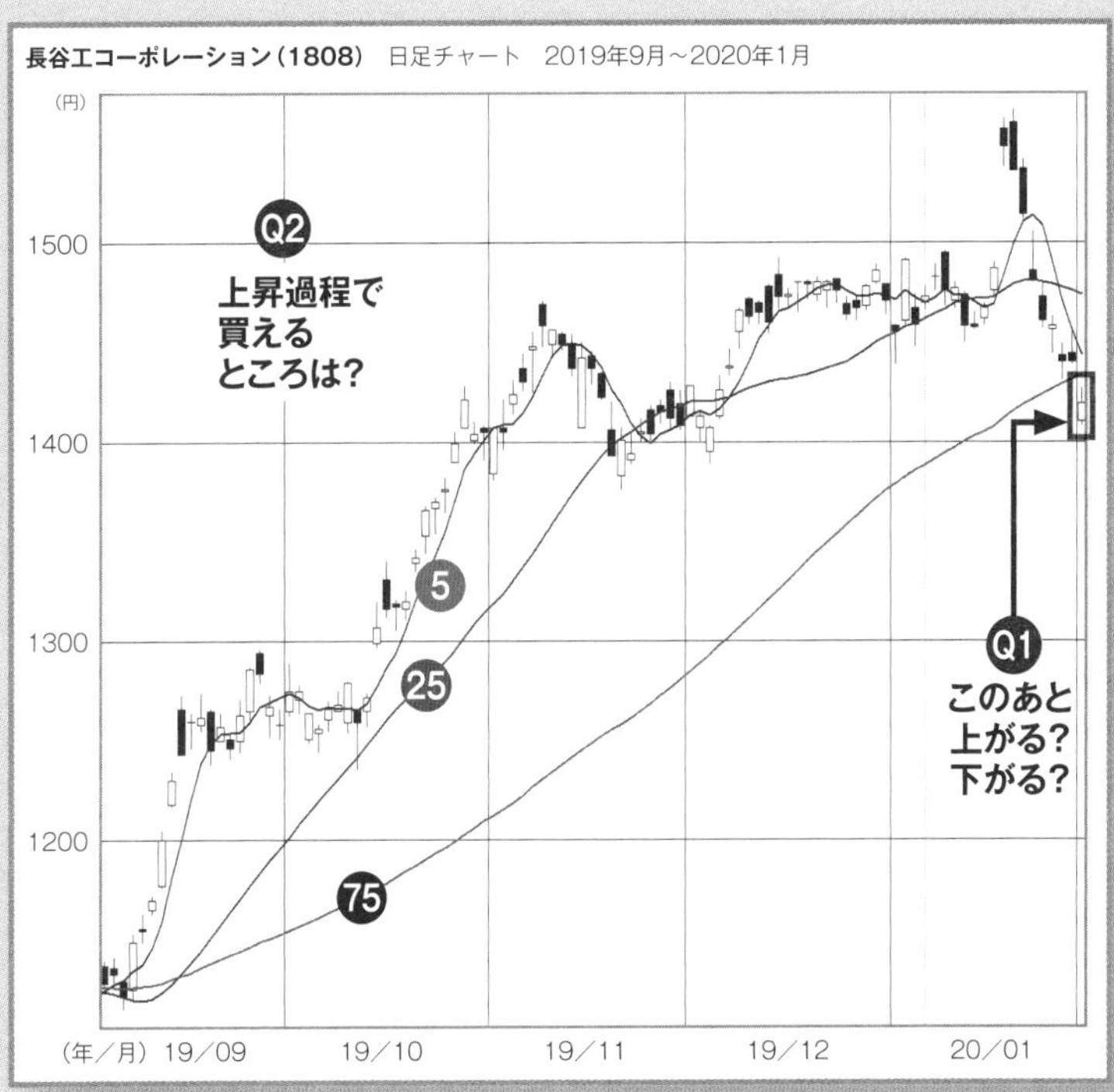

ヒント

Q1は5カ月ぶりの75日線タッチですが、かなり激しい下落中なのが気になりますね。Q2は25日線に注目して買えるところを3つ探してみてください。

こうなった

3カ月ぶりの長期線タッチドリル② ANSWER

A1→5カ月ぶりの75日線タッチで反転上昇する。A2→下図のとおり。

長谷工コーポレーション(1808) 日足チャート 2019年9月～2020年2月

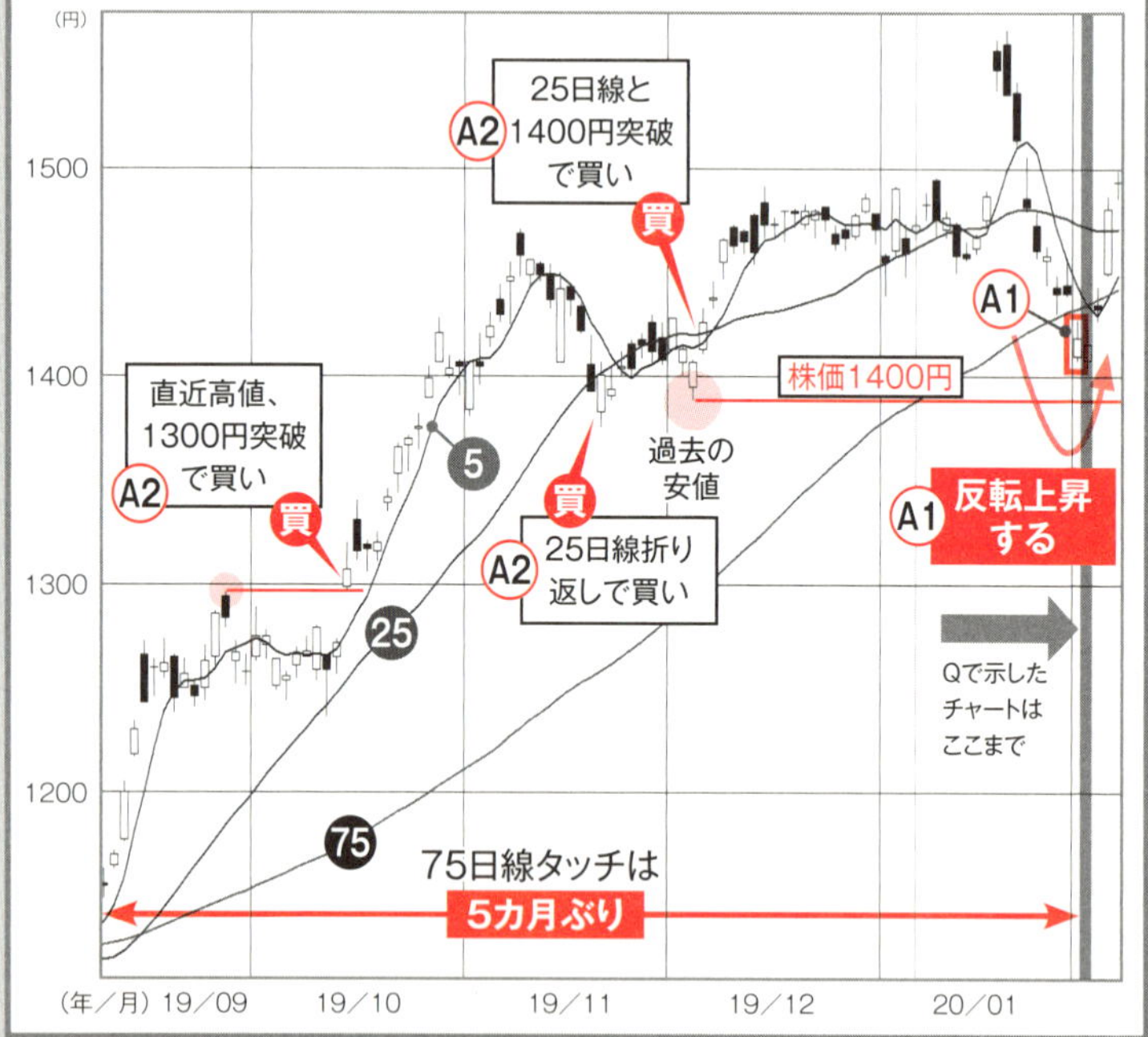

(円)
1500
1400
1300
1200
25日線と
A2 1400円突破
で買い
買
直近高値、
1300円突破
A2 で買い
買
5
25
75
買
A2 25日線折り
返しで買い
過去の
安値
株価1400円
A1
A1 反転上昇
する
Qで示した
チャートは
ここまで
75日線タッチは
5カ月ぶり
(年/月) 19/09
19/10
19/11
19/12
20/01

ポイント

急落が続く中の75日線タッチで買うのは怖いですが、法則どおりなのでA1で打診買いはすべきです。上昇トレンドが続く間は25日線にローソク足や5日線が近づいたあとの反転で買います。

「8%の法則」で株価の押しや戻しをゲット

株を買った人は、利益を確定するためにいつかは株を売ります。この**上下動に法則性**があれば「上がったから売り」「下がったから買い」を続けることで永遠に儲けられる。その動きをルール化できないか……と探して、見つけました。

「**25日線をまたいで株価が8%上昇もしくは下落すると、その後、反対方向に最低4%動く**」

僕はこれを「**8%の法則**」と名づけました。**25日線を越えたり割り込んだりして8%動く**、というのがミソです。それは25日線の示すトレンドに逆らって8%動いたということ。そのままトレンド転換すると、さらに10%、20%と動くこともありますが、値動きが安定した大型株の場合、**たいてい8%の上下動に対する利益確定が出て4%程度の調整が入ります**。その価格修正の動きを狙います。

図5-2は、双日の2019年(11カ月)の値動きです。下降トレンドにおける上昇、横ばいトレンドにおける上昇・下降など、随所に8%前後の上下動が出て

図5-2 法則「8%変動、4%戻し」の具体例

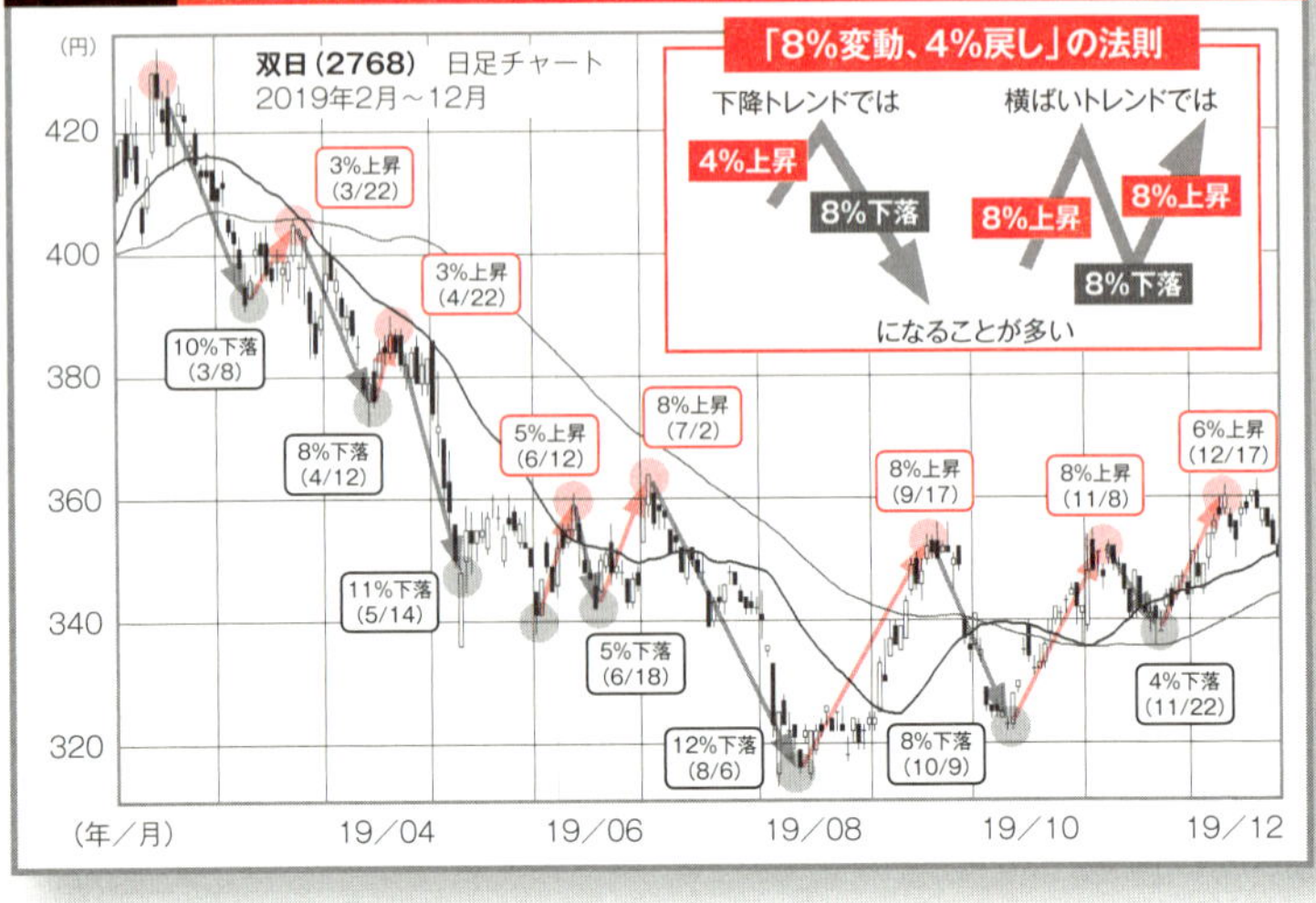

双日(2768) 日足チャート
2019年2月～12月
(円)
420
400
380
360
340
320
(年/月)
19/04
19/06
19/08
19/10
19/12
3%上昇 (3/22)
3%上昇 (4/22)
10%下落 (3/8)
8%下落 (4/12)
11%下落 (5/14)
5%上昇 (6/12)
8%上昇 (7/2)
5%下落 (6/18)
12%下落 (8/6)
8%上昇 (9/17)
8%下落 (10/9)
8%上昇 (11/8)
6%上昇 (12/17)
4%下落 (11/22)
「8%変動、4%戻し」の法則
下降トレンドでは
4%上昇
8%下落
横ばいトレンドでは
8%上昇
8%下落
8%上昇
になることが多い

います。その頂点で売り買いすると、4%くらいは儲けることができました。

この法則で取引するときは、**必ず1年間のチャートを見て**、これまでも8%や4%で動くことが多かったかどうかを確かめてください。

上昇トレンドでは8%の下落で買い、下降トレンドでは8%の上昇でカラ売りと、**25日線が示すトレンドと同じ方向で売買**するのがポイントです。

早速ドリルで確かめてみましょう。これまでの目印・ワザを駆使した「けいくん式株式投資の総合応用ドリル」も最後に出題したので挑戦してみてください!

探してみよう

8%の法則ドリル① QUESTION

A～Gの中で8%前後（6～10%）の上下動はどれ？ ①を参考に答えて。

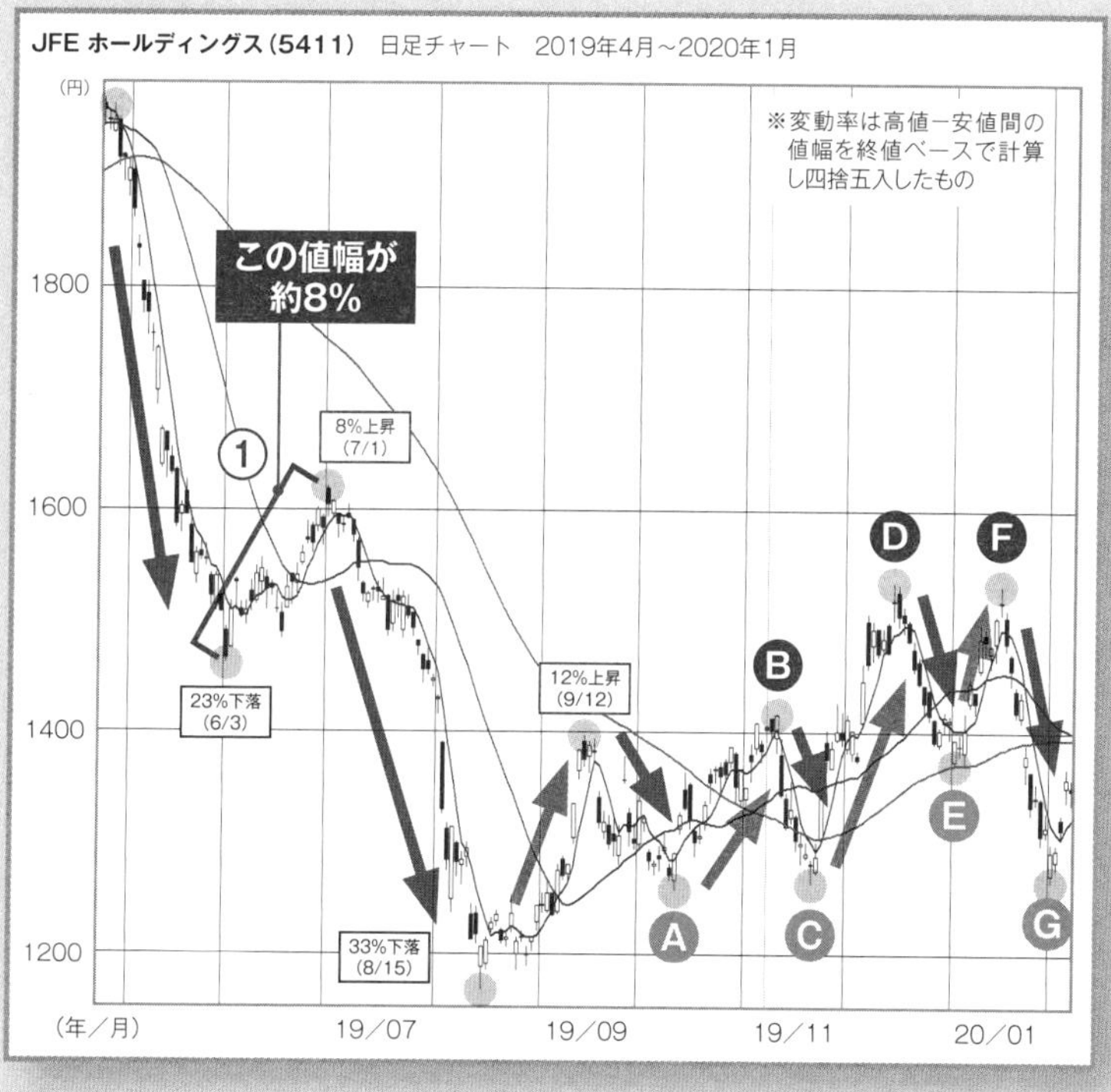
JFE ホールディングス（5411） 日足チャート 2019年4月～2020年1月
(円)
1800
1600
1400
1200
※変動率は高値－安値間の値幅を終値ベースで計算し四捨五入したもの
この値幅が約8%
①
8%上昇 (7/1)
23%下落 (6/3)
33%下落 (8/15)
12%上昇 (9/12)
A
B
C
D
E
F
G
(年／月)
19／07
19／09
19／11
20／01

ヒント

株価の上下動は8%前後のことが多く、「8%動いたから反転しそう」という感触が持てると、いい目安になります。図の6/3～7/1の上昇がちょうど8%。その値幅を参考に探してみてください。

ここだった A

8%の法則ドリル① ANSWER

A、B、C、E、Fがほぼ8%の上昇や下落です。

JFE ホールディングス（5411） 日足チャート 2019年4月～2020年1月

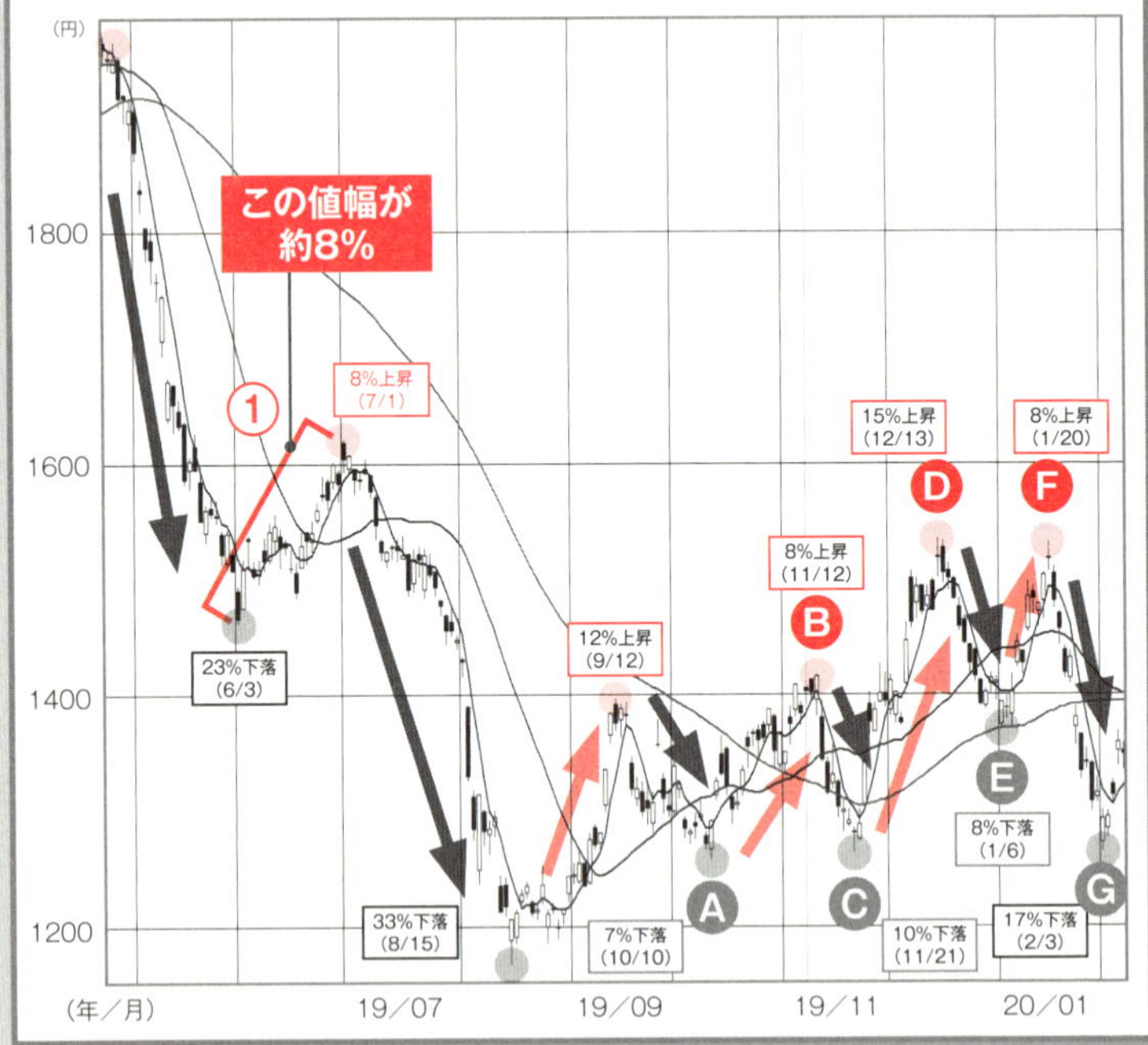

(円)
1800
1600
1400
1200
この値幅が約8%
①
8%上昇 (7/1)
23%下落 (6/3)
33%下落 (8/15)
12%上昇 (9/12)
7%下落 (10/10)
8%上昇 (11/12)
10%下落 (11/21)
15%上昇 (12/13)
8%上昇 (1/20)
8%下落 (1/6)
17%下落 (2/3)
A
B
C
D
E
F
G
(年／月)
19／07
19／09
19／11
20／01

ポイント

「必ず8%」ではないので注意してください。しかし、トレンド相場でのトレンドとは反対方向の値動きは8%前後に達したら戻り売り、押し目買いのチャンスになることがかなりあります。図でも①やA、C、Eがそうです。

探してみよう

8%の法則ドリル② QUESTION

A〜Fの8%前後の上下動のあと、ほかの目印とともに取引したいのはどこ？

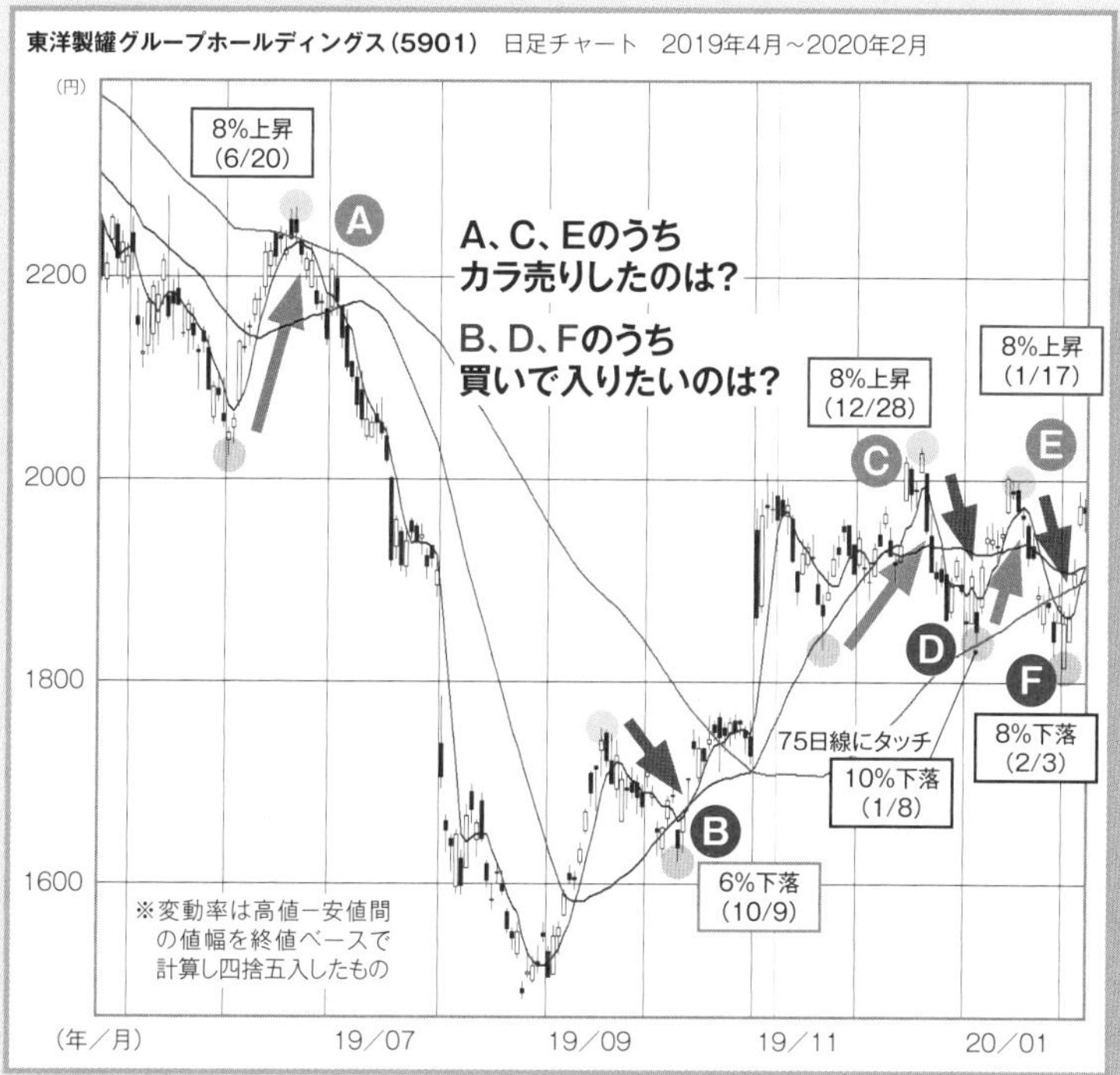
東洋製罐グループホールディングス（5901） 日足チャート 2019年4月〜2020年2月
（円）
2200
2000
1800
1600
8%上昇
(6/20)
A
A、C、Eのうち
カラ売りしたのは？
B、D、Fのうち
買いで入りたいのは？
8%上昇
(12/28)
8%上昇
(1/17)
C
E
D
F
B
75日線にタッチ
8%下落
(2/3)
10%下落
(1/8)
6%下落
(10/9)
※変動率は高値－安値間の値幅を終値ベースで計算し四捨五入したもの
（年／月）
19/07
19/09
19/11
20/01

ヒント

値動きの前半は下降トレンドなので戻り売り、後半は上昇トレンド後にレンジ相場を形成しているので買いと売りの両方が可能です。株価の上下動以外の売買シグナルが出ているところも探してみましょう。

ここだった

8%の法則ドリル② ANSWER

Aで売り、Bで買い、Dで買い、Eで売り。CとFは見送りです。

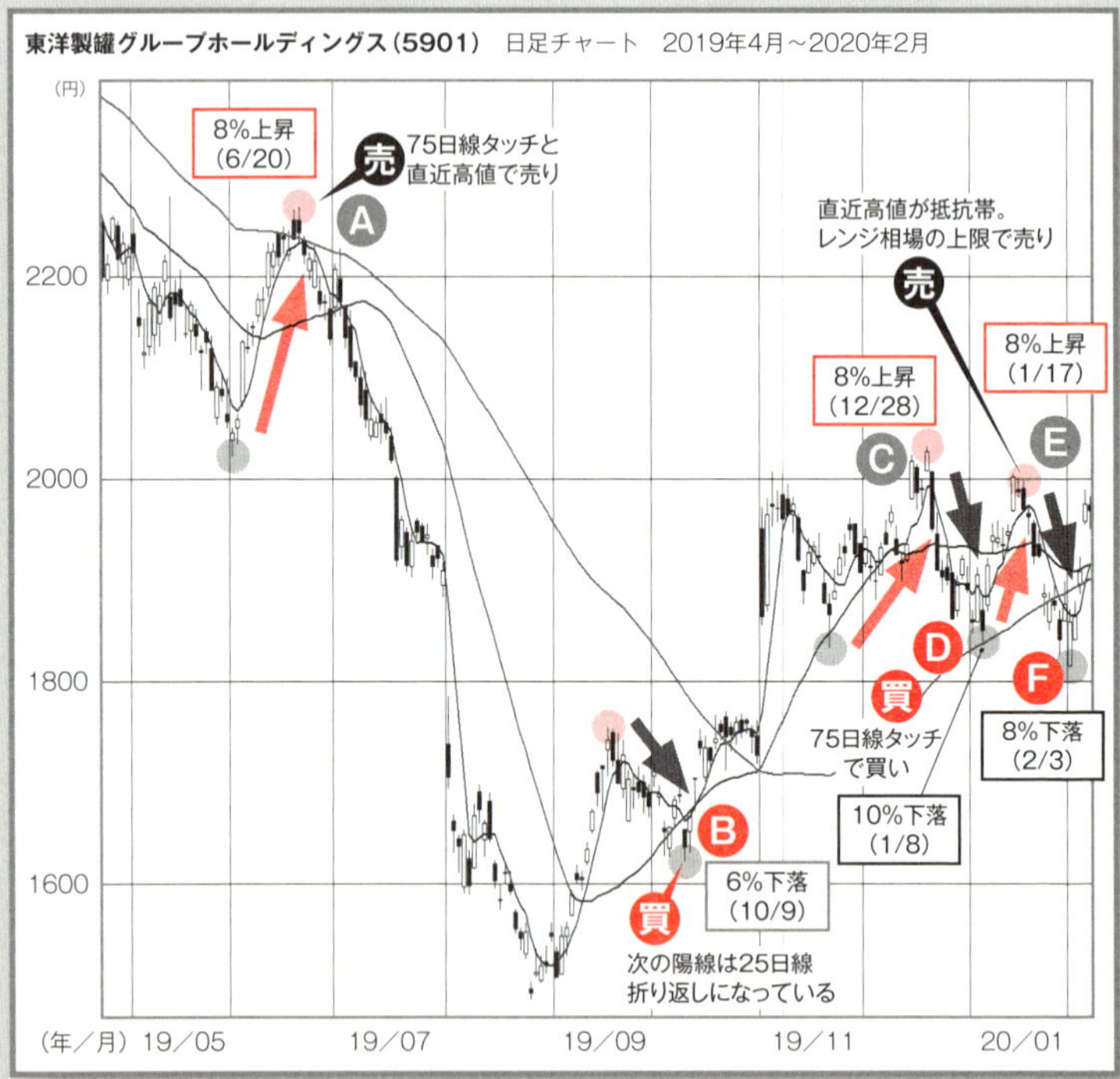
東洋製罐グループホールディングス（5901） 日足チャート 2019年4月～2020年2月
（円）
2200
2000
1800
1600
8%上昇（6/20）
売 75日線タッチと直近高値で売り
A
直近高値が抵抗帯。レンジ相場の上限で売り
売
8%上昇（12/28）
8%上昇（1/17）
C
E
D
買
75日線タッチで買い
F
8%下落（2/3）
10%下落（1/8）
B
6%下落（10/9）
買
次の陽線は25日線折り返しになっている
（年／月） 19／05 19／07 19／09 19／11 20／01

ポイント

8%の上下動やほかの目印が重なり、エントリーポイントになっているのはA、B、D。C－D－Eの値動きでレンジ相場入りと判断し、Eでの売りも妥当。Cは上昇トレンド時の下落、Fは75日線やレンジ相場の下限を割り込んでいるので見送ります。

探してみよう

8%の法則ドリル③　QUESTION

日経平均株価では4%前後の上下動が頻発。ほかの目印も重ねて取引できるのは?

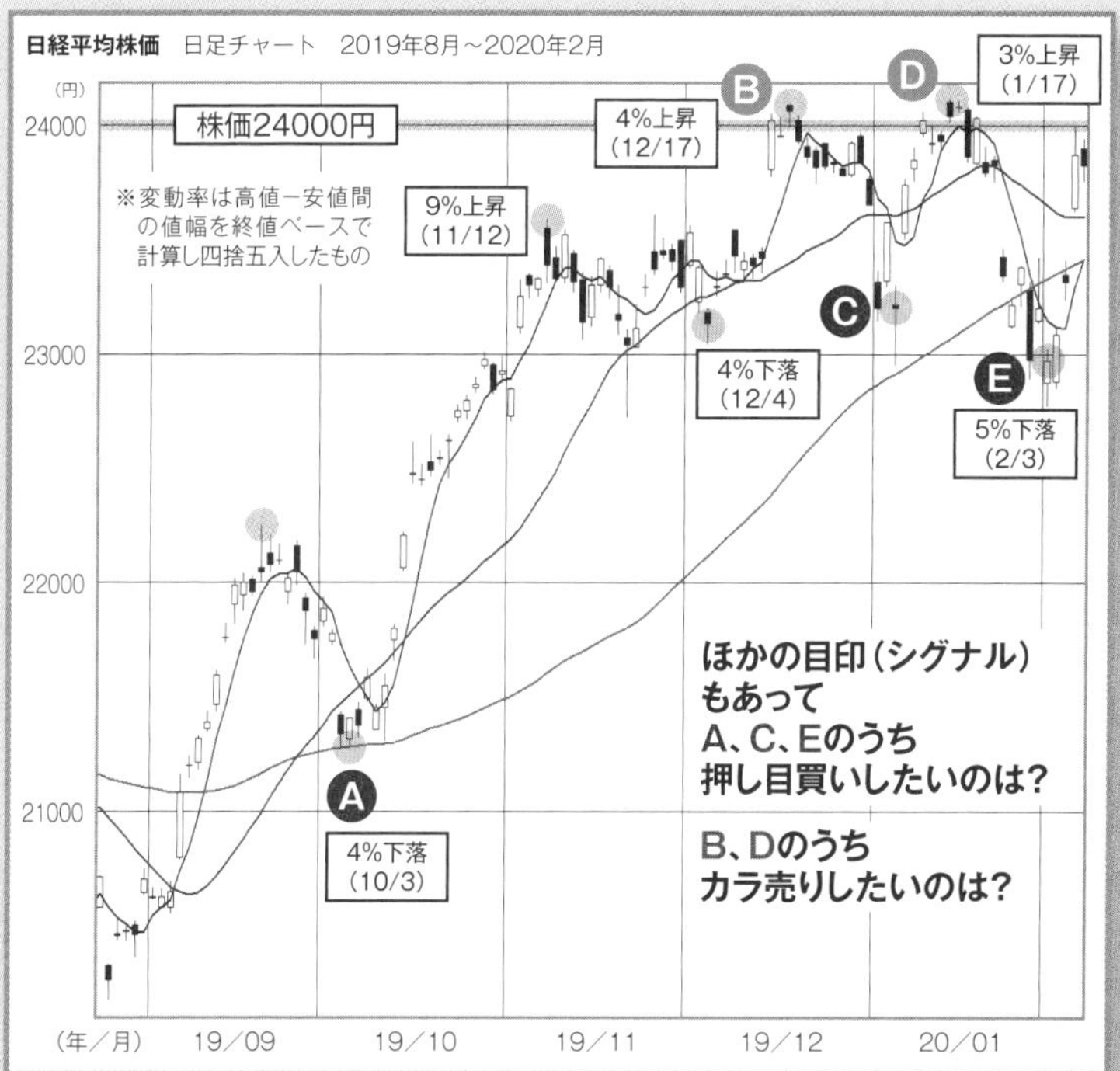

日経平均株価　日足チャート　2019年8月～2020年2月
(円)
24000
23000
22000
21000
株価24000円
※変動率は高値－安値間の値幅を終値ベースで計算し四捨五入したもの
9%上昇 (11/12)
4%上昇 (12/17)
3%上昇 (1/17)
4%下落 (12/4)
5%下落 (2/3)
4%下落 (10/3)
A
B
C
D
E
ほかの目印(シグナル)もあって A、C、Eのうち 押し目買いしたいのは?
B、Dのうち カラ売りしたいのは?
(年/月)　19/09　19/10　19/11　19/12　20/01

ヒント

この期間の日経平均は上昇トレンド。75日線での切り返しなどがある4%下落は買いで入りたいところ。売りではキリのいい株価や過去の高値が明確な抵抗帯になりそうなところに注目です。

ここだった

8%の法則ドリル③　ANSWER

A、Cは買い、Dは売り。BとEは見送りが妥当です。

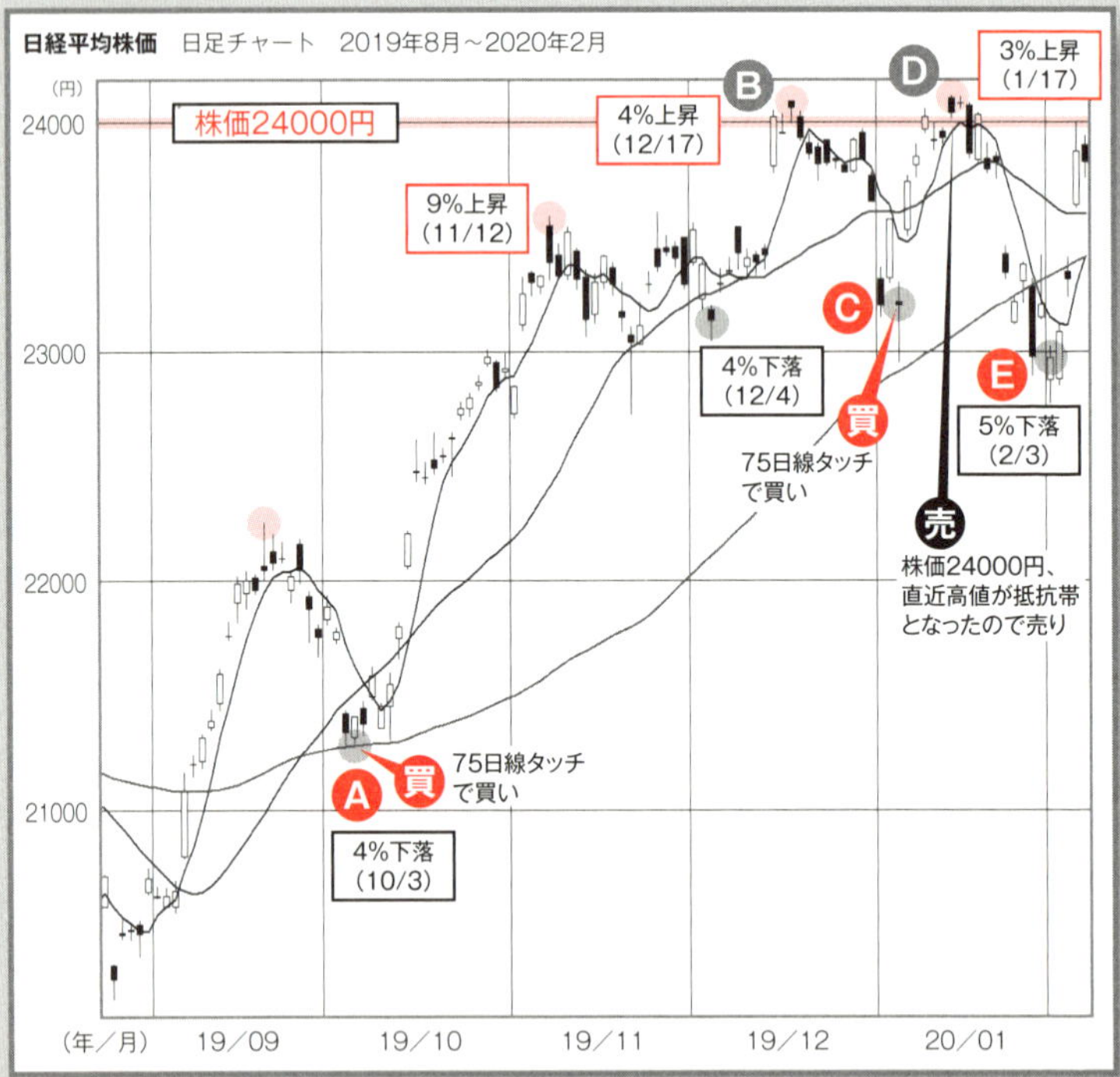
日経平均株価　日足チャート　2019年8月～2020年2月
(円)
24000
23000
22000
21000
株価24000円
9%上昇
(11/12)
4%上昇
(12/17)
3%上昇
(1/17)
B
D
4%下落
(12/4)
C
買
75日線タッチ
で買い
E
5%下落
(2/3)
売
株価24000円、
直近高値が抵抗帯
となったので売り
A
買
75日線タッチ
で買い
4%下落
(10/3)
(年/月)
19/09
19/10
19/11
19/12
20/01

ポイント

Aは4%下落が75日線タッチに重なり、絶好の押し目買いポイントに。Cも23000円の節目と75日線付近での下ヒゲタッチで買い。Bはまだ上昇トレンド継続なので売れませんが、Dが再び24000円突破に失敗したところは売りポイント。Eは75日線を割り込んでいるので買えません。

予想しよう

総合応用ドリル① QUESTION

このチャートの一番右の陽線は買い? 売り? 理由は4つあります。

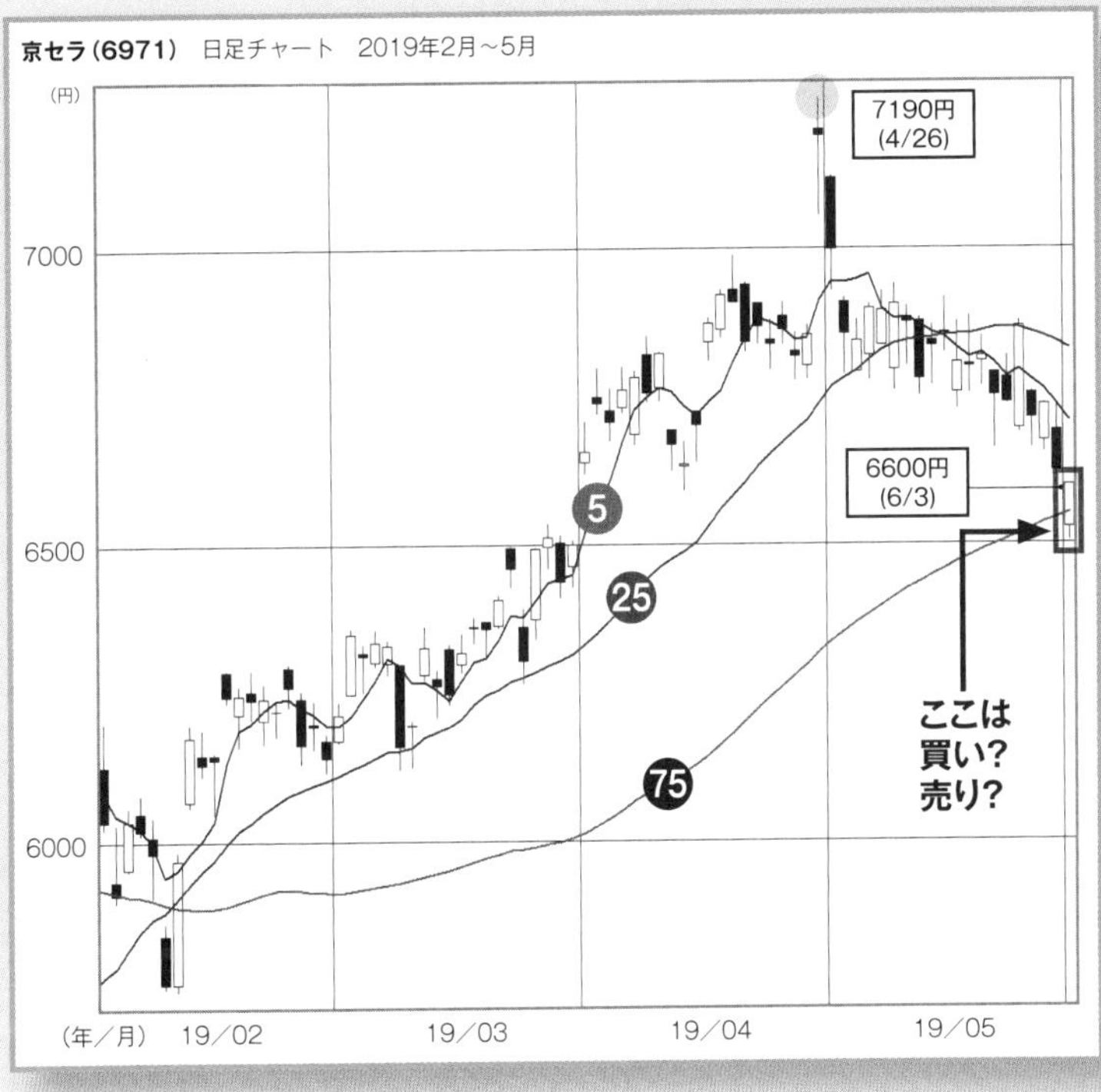

京セラ(6971) 日足チャート 2019年2月~5月
(円)
7000
6500
6000
7190円
(4/26)
6600円
(6/3)
5
25
75
ここは
買い?
売り?
(年/月) 19/02
19/03
19/04
19/05

ヒント

上昇トレンドが続いてきましたが、4/26の高値7190円から約9%急落しています。このまま下がるなら売りですが、一番右の陽線は久々の75日線タッチ。取引する理由はほかにもあります。

こうなった

総合応用ドリル① ANSWER

重要度順に番号を振った①〜④のシグナルから見て買い。

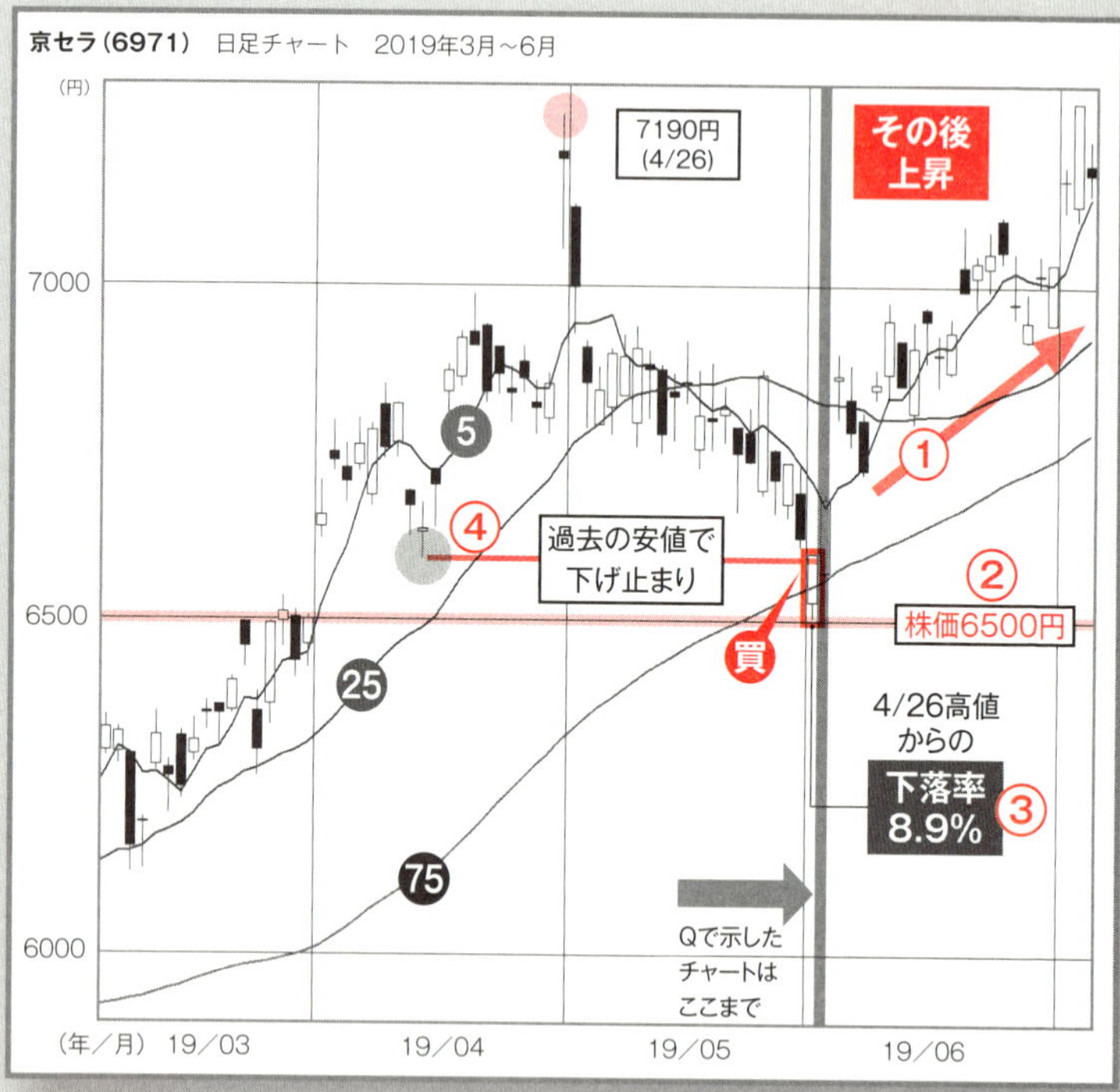

京セラ（6971） 日足チャート 2019年3月〜6月
（円）
7000
6500
6000
7190円
(4/26)
その後上昇
5
25
75
①
④
過去の安値で下げ止まり
②
株価6500円
買
4/26高値からの
下落率8.9%
③
Qで示したチャートはここまで
（年／月） 19/03
19/04
19/05
19/06

ポイント

①3カ月以上ぶりの75日線タッチが強い買いシグナル。②キリのいい株価6500円や④過去の上昇過程にできた安値が支持帯になり、③直近高値からの下落率も約9%で反転上昇が濃厚。絶好の押し目買いポイントでした。

予想しよう

総合応用ドリル② QUESTION

急落から横ばいに転じ、長めの陰線が。ここは買い？ 売り？ 理由も考えて！

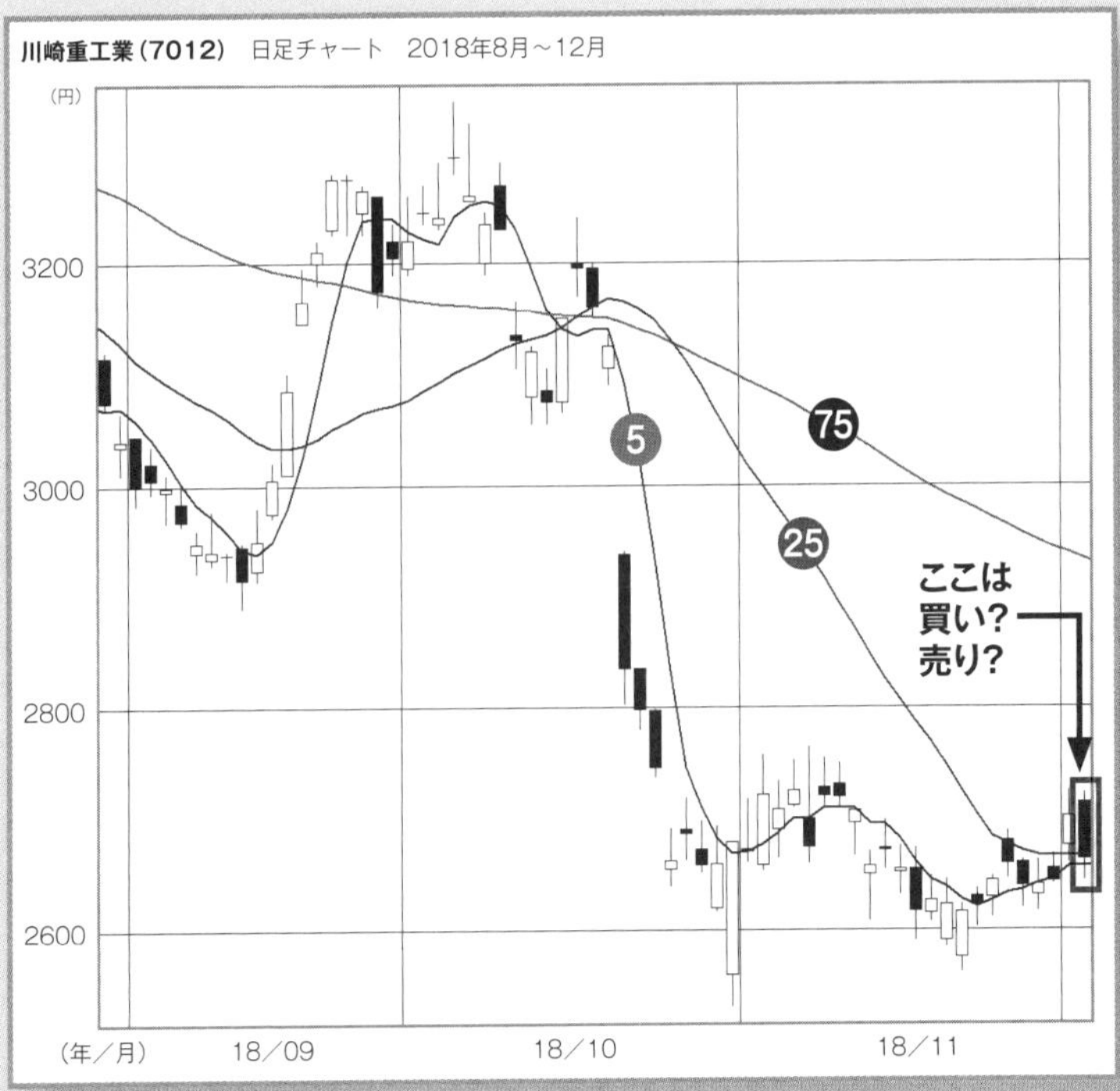

川崎重工業（7012） 日足チャート 2018年8月～12月
（円）
3200
3000
2800
2600
5
25
75
ここは
買い？
売り？
（年／月）
18／09
18／10
18／11

ヒント

急落から横ばいに転じ、25日線も横ばいになってきたので上昇しそうな気配もあります。ただ、一番右の陰線は25日線を割り込んでいて、下落が再開する可能性も。さて、どうなる？

こうなった

総合応用ドリル② ANSWER

売りが正解。赤枠で囲った陰線の25日線割れが強い根拠です。

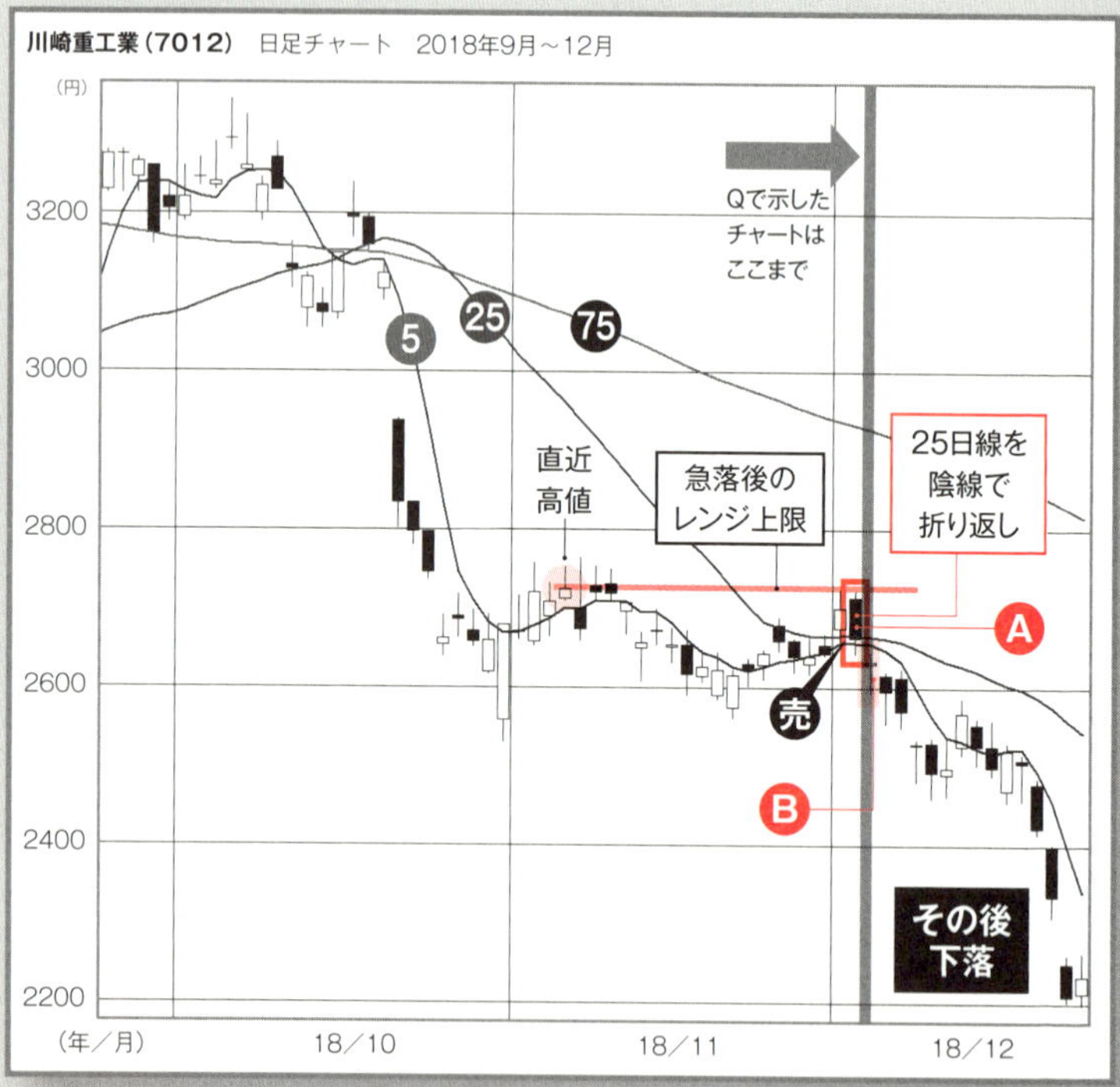

川崎重工業（7012） 日足チャート 2018年9月～12月
（円）
3200
3000
2800
2600
2400
2200
（年／月）
18／10
18／11
18／12
Qで示したチャートはここまで
5
25
75
直近高値
急落後のレンジ上限
25日線を陰線で折り返し
A
売
B
その後下落

ポイント

陰線Aが出る前は25日線突破で上昇の芽もありましたが、Aがレンジ相場の上限を抜けられず、25日線を陰線で切り返す形になり、強い売りシグナルに。Aで売れなくても5日線を下回ったBではぜひ売りたいところです。

《おわりに》

「**どんな相場でも、ずっと稼ぎ続けることができる投資法**」。それを身につけたら、もう怖いものはありません。

自分なりに「ここから先の展開はシナリオAか、Bか、Cか、その中のどれかだな」と、**複数の展開を同時に思い描ける**ようになり、本書で紹介した〝株価の目印の重なり〟や〝秘技シグナル〟から見て「シナリオAの確率が高そうだ」と確信を持って売買できるようになったら初心者卒業です。

とはいえ、いつまでも初心者の心は忘れないでいてほしいと思います。自分は上級者だと思ったら、そこから先の株スキルは伸び悩むことでしょう。

僕は今でも、毎回のトレードを見直して反省したり、自分で自分をほめたりしています。みなさんにも、そんな〝振り返り〟のクセをつけてもらいたいと思い、巻末に「**株スキル上昇メモノート**」をつけておきました！　4つの株価を書き込むだけ、なまけものでも続けやすいメモ式のノートです。ぜひ使ってください。

3つのプレミアム特典

http://landing.fukugyou-academy.com/stockdrill/

特典3

チャートソフト「ストックシミュレーション」初月無料

けいくんが開発した株式投資トレーニングツールを初めの１カ月間、無料で使えます。実際に売買する前にツールで練習したいあなたにぴったり。

特典３の手順

①専用サイト
http://landing.fukugyou-academy.com/stockdrill/
にアクセス

②開いた画面から、特典を受けとるためのご自分のメールアドレスを送信してください（メールアドレスは、副業アカデミーに送信されます）

③数時間～1日後、送信した登録アドレス宛てに特典案内のメールが届きます

④「チャートソフトの1カ月お試し利用権利」に関するアドレスへアクセスしてください

⑤「今すぐはじめる」をクリックし、ご自身のメールアドレスと任意のパスワードを入力

⑥クーポンコード（そのメールで指定されます）を入力し、利用規約にチェックを入れる

⑦サインアップし、クレジットカードを登録して、申し込む

⑧いったん、正式契約して利用の申し込みをすることになりますが、本書読者は利用料金が初めの1カ月間無料になります（2カ月目以降に通常料金の月額1100円が発生します）

※本特典の提供は株式会社レベクリが実施します。
お問い合わせは　info@fukugyou-academy.com　までお願いします。

けいくんから読者に

本書を購読された読者限定

特典1

株式投資の「初心者向けリアルセミナー」にご招待

けいくんが今、注目している「ウオッチ銘柄」と、本書では紹介しきれなかった〝とっておきの情報〟を教えます。

特典2

ほったらかし投資で儲かる特別動画が見られる

本書で紹介してきた、できるだけ何もせずに効率的に儲ける「ほったらかし投資」の“追加授業”を特別動画で！

副業アカデミーとは？ 「収入の柱を増やして人生を選べるようになる」を理念とする副業の専門学校。“働き方改革”“大企業による副業解禁・残業規制”“終身雇用の崩壊”など、本業収入への依存は危険な時代に、さまざまな副業の手段を提供することで、収入の柱を増やしてもらうことを使命に活動している。2020年3月現在、受講生は1000人を突破。「副業で具体的に収入を増やす方法が理解できる」「理解できるだけでなく、実践できるようになる」と評判。

専業主夫けいくんのほったらかし投資で1億円稼ぐ株ドリル

2020年5月6日　第1刷発行

著者　山下 勁
発行人　蓮見清一
発行所　株式会社宝島社
〒102-8388　東京都千代田区一番町25番地
電話〔営業〕03-3234-4621〔編集〕03-3239-0646
https://tkj.jp
印刷・製本　サンケイ総合印刷株式会社

ISBN978-4-299-00349-2

KEI'S STOCK SKILL UP MEMO NOTE

書き込んで使える！

株スキル上昇

メモノート

振り返れば、うまくなる

けいくん式トレードの練習にぴったり

4つの株価を書き込むだけ！

けいくんのモットーは「株のトレードを再現性のあるものに」。
上げ相場でも下げ相場でも、いつでも勝てる=再現性のある取引のためには
チャートの教科書に載っているような
動きをしやすい銘柄を監視すること、
そしていざ売買した銘柄をしっかり振り返ることが大切。
「振り返りながら株のトレード練習」をするために
このノートを作りました。基本的に「4つの株価」を
書き込んで「売買の理由を考えるだけ」なので、
なまけものでも続けやすい構成です！

キリトリ線から切り離してすぐ使える！

～株スキル上昇メモノートの書き込み例～

売買したorする予定の銘柄名

セガサミーホールディングス

市場

東証１部

証券コード

6460

買う（売り建てる）予定の株価

1610円

実際に買った（売り建てた）株価／日付

1610円／2月19日

売る（買い戻す）予定の株価

1740円

実際に売った（買い戻した）株価／日付

1530円／2月27日

売買した株数

100株

損益

△8000円

「なぜ買った（売り建てた）」のか一言で書いてみよう

上昇トレンド　短期線、長期線を抜けた。

「なぜ売った（買い戻した）」のか一言で書いてみよう

コロナ・ショックのツレ安に耐えられなかった。

反省してみよう（自分をほめてもいい）

経済不安のときは絶対に手を出さない。
みんなの外出が減りそうな時期なので
ゲーム株はいいかもしれないと
思ったが「かもしれない」では上がらない。
早めに損切りできたのはえらかった。

売買したorする予定の銘柄名

市場

証券コード

買う（売り建てる）予定の株価

実際に買った（売り建てた）株価／日付

売る（買い戻す）予定の株価

実際に売った（買い戻した）株価／日付

売買した株数

損益

「なぜ買った（売り建てた）」のか一言で書いてみよう

「なぜ売った（買い戻した）」のか一言で書いてみよう

反省してみよう（自分をほめてもいい）

KEI'S STOCK SKILL UP MEMO NOTE

売買したorする予定の銘柄名

市場

証券コード

買う（売り建てる）予定の株価

実際に買った（売り建てた）株価／日付

売る（買い戻す）予定の株価

実際に売った（買い戻した）株価／日付

売買した株数

損益

「なぜ買った（売り建てた）」のか一言で書いてみよう

「なぜ売った（買い戻した）」のか一言で書いてみよう

反省してみよう（自分をほめてもいい）

売買したorする予定の銘柄名

市場

証券コード

買う（売り建てる）予定の株価

実際に買った（売り建てた）株価／日付

売る（買い戻す）予定の株価

実際に売った（買い戻した）株価／日付

売買した株数

損益

「なぜ買った（売り建てた）」のか一言で書いてみよう

「なぜ売った（買い戻した）」のか一言で書いてみよう

反省してみよう（自分をほめてもいい）

売買したorする予定の銘柄名

市場

証券コード

買う（売り建てる）予定の株価

実際に買った（売り建てた）株価／日付

売る（買い戻す）予定の株価

実際に売った（買い戻した）株価／日付

売買した株数

損益

「なぜ買った（売り建てた）」のか一言で書いてみよう

「なぜ売った（買い戻した）」のか一言で書いてみよう

反省してみよう（自分をほめてもいい）

売買したorする予定の銘柄名

市場

証券コード

買う（売り建てる）予定の株価

実際に買った（売り建てた）株価／日付

売る（買い戻す）予定の株価

実際に売った（買い戻した）株価／日付

売買した株数

損益

「なぜ買った（売り建てた）」のか一言で書いてみよう

「なぜ売った（買い戻した）」のか一言で書いてみよう

反省してみよう（自分をほめてもいい）

KEI'S STOCK SKILL UP MEMO NOTE

売買したorする予定の銘柄名

市場

証券コード

買う（売り建てる）予定の株価

実際に買った（売り建てた）株価／日付

売る（買い戻す）予定の株価

実際に売った（買い戻した）株価／日付

売買した株数

損益

「なぜ買った（売り建てた）」のか一言で書いてみよう

「なぜ売った（買い戻した）」のか一言で書いてみよう

反省してみよう（自分をほめてもいい）

売買したorする予定の銘柄名

市場

証券コード

買う（売り建てる）予定の株価

実際に買った（売り建てた）株価／日付

売る（買い戻す）予定の株価

実際に売った（買い戻した）株価／日付

売買した株数

損益

「なぜ買った（売り建てた）」のか一言で書いてみよう

「なぜ売った（買い戻した）」のか一言で書いてみよう

反省してみよう（自分をほめてもいい）

KEI'S STOCK SKILL UP MEMO NOTE

売買したorする予定の銘柄名

市場

証券コード

買う（売り建てる）予定の株価

実際に買った（売り建てた）株価／日付

売る（買い戻す）予定の株価

実際に売った（買い戻した）株価／日付

売買した株数

損益

「なぜ買った（売り建てた）」のか一言で書いてみよう

「なぜ売った（買い戻した）」のか一言で書いてみよう

反省してみよう（自分をほめてもいい）

売買したorする予定の銘柄名

市場

証券コード

買う（売り建てる）予定の株価

実際に買った（売り建てた）株価／日付

売る（買い戻す）予定の株価

実際に売った（買い戻した）株価／日付

売買した株数

損益

「なぜ買った（売り建てた）」のか一言で書いてみよう

「なぜ売った（買い戻した）」のか一言で書いてみよう

反省してみよう（自分をほめてもいい）

KEI'S STOCK SKILL UP MEMO NOTE

売買したorする予定の銘柄名

市場

証券コード

買う（売り建てる）予定の株価

実際に買った（売り建てた）株価／日付

売る（買い戻す）予定の株価

実際に売った（買い戻した）株価／日付

売買した株数

損益

「なぜ買った（売り建てた）」のか一言で書いてみよう

「なぜ売った（買い戻した）」のか一言で書いてみよう

反省してみよう（自分をほめてもいい）

売買したorする予定の銘柄名

市場

証券コード

買う（売り建てる）予定の株価

実際に買った（売り建てた）株価／日付

売る（買い戻す）予定の株価

実際に売った（買い戻した）株価／日付

売買した株数

損益

「なぜ買った（売り建てた）」のか一言で書いてみよう

「なぜ売った（買い戻した）」のか一言で書いてみよう

反省してみよう（自分をほめてもいい）

KEI'S STOCK SKILL UP MEMO NOTE

売買したorする予定の銘柄名

市場

証券コード

買う（売り建てる）予定の株価

実際に買った（売り建てた）株価／日付

売る（買い戻す）予定の株価

実際に売った（買い戻した）株価／日付

売買した株数

損益

「なぜ買った（売り建てた）」のか一言で書いてみよう

「なぜ売った（買い戻した）」のか一言で書いてみよう

反省してみよう（自分をほめてもいい）

売買したorする予定の銘柄名

市場

証券コード

買う（売り建てる）予定の株価

実際に買った（売り建てた）株価／日付

売る（買い戻す）予定の株価

実際に売った（買い戻した）株価／日付

売買した株数

損益

「なぜ買った（売り建てた）」のか一言で書いてみよう

「なぜ売った（買い戻した）」のか一言で書いてみよう

反省してみよう（自分をほめてもいい）

KEI'S STOCK SKILL UP MEMO NOTE

売買したorする予定の銘柄名

市場

証券コード

買う（売り建てる）予定の株価

実際に買った（売り建てた）株価／日付

売る（買い戻す）予定の株価

実際に売った（買い戻した）株価／日付

売買した株数

損益

「なぜ買った（売り建てた）」のか一言で書いてみよう

「なぜ売った（買い戻した）」のか一言で書いてみよう

反省してみよう（自分をほめてもいい）